# मैं नास्तिक क्यों हूँ?

# मैं नास्तिक क्यों हूँ?

भगत सिंह

*प्रकाशक*
**प्रभात प्रकाशन प्रा. लि.**
4/19 आसफ अली रोड, नई दिल्ली-110002
फोन : 011-23289777 • हेल्पलाइन नं. : 7827007777
इ-मेल : prabhatbooks@gmail.com ❖ वेब ठिकाना : www.prabhatbooks.com

*संस्करण*
2026



*अनुवाद*
ज्योति थपलियाल उनियाल

*पेपरबैक मूल्य*
तीन सौ पचास रुपए

*मुद्रक*
आर-टेक ऑफसेट प्रिंटर्स, दिल्ली

**MAIN NASTIK KYON HOON?**
*by* Bhagat Singh
(Hindi translation of WHY I AM AN ATHEIST?)

Published by **PRABHAT PRAKASHAN PVT. LTD.**
4/19 Asaf Ali Road, New Delhi-110002

ISBN 978-93-5521-923-7

₹ 350.00 (PB)

# अनुक्रम


1. मैं नास्तिक क्यों हूँ? 7
2. पंजाबी भाषा और लिपियों की समस्या 30
3. होली के दिन फाँसी पर बब्बर अकालियों के खून के छींटे 46
4. सावधान हो जाओ, हे ब्यूरोक्रेसी! 55
5. शहीद सुखदेव को पत्र 58
6. लाल परचा 62
7. असेंबली बम मामले में भगत सिंह और बी.के. दत्त का साझा बयान 64
8. भूख-हड़तालियों की माँगें 75
9. पंजाब मियाँवाली जेल के आई.जी. (जेल) को पत्र 79
10. पंजाब के छात्रों के लिए संदेश 81
11. आत्महत्या के संबंध में सुखदेव को पत्र (1930) 83
12. अदालत में जाने से इनकार करना 92
13. लेनिन की पुण्यतिथि पर टेलिग्राम 95
14. भूख-हड़तालियों की माँग पूरी हुई 96
15. एल.सी.सी. के संबंध में 107

16. जयदेव गुप्ता को पत्र 112
17. जस्टिस हिल्टन को भी जाना होगा 114
18. पिता को पत्र 117
19. बी.के. दत्त को पत्र 122
20. युवा राजनीतिक कार्यकर्ताओं के लिए 124
21. हरि किशन मामले में बचाव पक्ष की दलील के संबंध में 140
22. आखिरी याचिका 146
23. ड्रीमलैंड से परिचय 150

# मैं नास्तिक क्यों हूँ?

एक नया सवाल सामने आया है। क्या यह घमंड के कारण है कि मैं सर्वशक्तिमान, सर्वव्यापी और सर्वज्ञ ईश्वर के अस्तित्व में विश्वास नहीं करता? हालाँकि मैंने कभी नहीं सोचा था कि मुझे कभी इस तरह के सवाल का सामना करना पड़ेगा, लेकिन कुछ दोस्तों के साथ बातचीत ने मुझे ऐसा संकेत दिया है, अगर मैं बहुत अधिक नहीं सोच रहा हूँ तो मेरे साथ कुछ समय के संपर्क से वे यह निष्कर्ष निकाल रहे हैं कि मैंने ईश्वर के अस्तित्व को बहुत नकारा है और मेरी बातों में कुछ हद तक घमंड था, जिसने मेरे अविश्वास को और पुख्ता किया। यह समस्या बहुत गंभीर है। मैं इन मानवीय लक्षणों से ऊपर होने का दावा नहीं करता। मैं एक आदमी हूँ और इससे ज्यादा कुछ नहीं हूँ। कोई भी इससे अधिक होने का दावा नहीं

कर सकता। मुझमें भी यह कमजोरी है। घमंड मेरे व्यवहार का एक हिस्सा है। मेरे साथियों के बीच मुझे निरंकुश कहा जाता था। यहाँ तक कि मेरे मित्र बी.के. दत्त ने भी कभी-कभी मुझे यही कहा। कुछ अवसरों पर मुझे निरंकुश के रूप में पुकारा गया था। कुछ दोस्त शिकायत करते हैं और बहुत गंभीरता से भी करते हैं कि मैं अनजाने में दूसरों पर अपनी राय थोपता हूँ और अपने प्रस्तावों को स्वीकार कराता हूँ। यह कुछ हद तक सही भी है और मैं इससे इनकार नहीं करता। यह अहंकार हो सकता है। मुझमें उतना ही घमंड है, जितना कि किसी भी अन्य लोकप्रिय पंथों के विपरीत अपने पंथ पर है। लेकिन वह व्यक्तिगत नहीं है। हो सकता है कि यह हमारे पंथ में वैध अभिमान हो और इसे घमंड नहीं समझा जाता हो। घमंड या अधिक सटीक कहें तो 'अहंकार' किसी के स्वयं में अनुचित गर्व की अधिकता है। फिर यह ऐसा अनुचित अभिमान है, जिसने मुझे नास्तिकता के लिए प्रेरित किया है या यह इस विषय पर बहुत सावधानीपूर्वक अध्ययन के बाद है और बहुत विचार करने के बाद मैं भगवान् के अस्तित्व में अविश्वास करने लगा हूँ; यह एक ऐसा प्रश्न है, जिसकी मैं यहाँ चर्चा करना चाहता हूँ। मुझे पहले यह स्पष्ट करने दें कि अहंकार और घमंड दो अलग-अलग चीजें हैं।

सबसे पहले, मैं इस बात को समझने में पूरी तरह से असफल रहा हूँ कि किस तरह से घमंड या व्यभिचार कभी भी ईश्वर पर विश्वास रखनेवाले व्यक्ति के रास्ते में आ सकता है ? मैं किसी भी महापुरुष की महानता को पहचानने से इनकार कर सकता हूँ, बशर्ते मैंने भी बिना किसी योग्यता के या फिर इसी तरह के उद्देश्य के लिए आवश्यक या अपरिहार्य गुणों के वास्तव में न होने पर एक निश्चित मात्रा में लोकप्रियता हासिल की हो। यह मुमकिन है। लेकिन किस तरह से भगवान् पर विश्वास करनेवाला व्यक्ति अपने निजी घमंड के कारण

विश्वास करना बंद कर सकता है ? इसके केवल दो ही तरीके हैं। आदमी को या तो खुद को भगवान् का प्रतिद्वंद्वी समझना शुरू कर देना चाहिए या वह खुद को भगवान् मानना शुरू कर सकता है। और दोनों ही मामलों में वह सच्चा नास्तिक नहीं बन सकता है। पहले मामले में, वह अपने प्रतिद्वंद्वी के अस्तित्व से इनकार नहीं करता है। साथ ही, दूसरे मामले में, वह प्रकृति के सभी कार्यों के होने के लिए किसी शक्ति के गुप्त रूप से होने की बात को स्वीकारता है। यह हमारे लिए कोई महत्त्व नहीं रखता है कि वह खुद को उस सर्वोच्च व्यक्ति के रूप में देखता है या यह सोचता है कि वह सर्वोच्च चेतना उससे इतर है, अलग है, उसकी मान्यता है। वह किसी भी तरह नास्तिक नहीं है। तो यहाँ मैं हूँ—मैं न तो पहली श्रेणी में आता हूँ और न ही दूसरी श्रेणी में।

मैं उस सर्वशक्तिमान भगवान् के अस्तित्व को ही नकारता हूँ। मैं इससे इनकार क्यों करता हूँ, इस पर हम बाद में चर्चा करेंगे। यहाँ मैं एक बात साफ कर देना चाहता हूँ कि यह मेरा घमंड नहीं है, जिसने मुझे नास्तिकता के सिद्धांतों को अपनाने के लिए प्रेरित किया है। मैं न तो कोई प्रतिद्वंद्वी हूँ, न ही कोई अवतार हूँ और न ही स्वयं को सर्वोच्च मानता हूँ। एक बात तो तय है कि यह वह घमंड नहीं है, जिसने मुझे इस सोच की ओर अग्रसर किया है। इस आरोप को खारिज करने के लिए मुझे कुछ तथ्यों की जाँच करने दें। मेरे इन दोस्तों के अनुसार—'मैं घमंडी हो गया हूँ, दिल्ली बम और लाहौर षड्यंत्र दोनों मामलों में शायद मुकदमों के दौरान प्राप्त अनुचित लोकप्रियता के कारण।' चलिए, देखते हैं कि उनका अनुमान ठीक है या नहीं ? मेरी नास्तिकता हाल की उत्पत्ति नहीं है। मैंने भगवान् पर विश्वास करना तभी बंद कर दिया था जब मैं नासमझ युवा था, जिसके बारे में मेरे उपरोक्त दोस्तों को पता भी नहीं है। कम-से-कम कॉलेज का छात्र किसी भी तरह के अनुचित गर्व का

आनंद नहीं ले सकता है, जो उसे नास्तिकता की ओर ले जाए। हालाँकि कुछ प्रोफेसरों का चहेता और कुछ अन्य लोगों द्वारा नापसंद, मैं कभी भी एक मेहनती या अध्ययनशील लड़का नहीं था। मेरे अंदर घमंड करने जैसी भावनाओं में लिप्त होने का कोई हुनर नहीं था। हालाँकि मैं बहुत ही शर्मीले स्वभाववाला लड़का था, जिसके भविष्य में अपने कॅरियर के बारे में कुछ निराशावादी विचार थे। और उन दिनों में मैं एक आदर्श नास्तिक नहीं था। मेरे दादाजी, जिनके संरक्षण में मैं बड़ा हुआ, वे एक रूढ़िवादी आर्यसमाजी हैं। एक आर्यसमाजी सबकुछ हो सकता है, लेकिन नास्तिक नहीं हो सकता। अपनी प्राथमिक शिक्षा पूरी करने के बाद मैंने लाहौर के डी.ए.वी. स्कूल में दाखिला लिया और पूरे एक साल तक वहाँ के बोर्डिंग हाउस में रहा। वहाँ सुबह और शाम की प्रार्थना के अलावा मैं घंटों 'गायत्री मंत्र' का पाठ करता था। उन दिनों मैं एक आदर्श भक्त था। बाद में मैं अपने पिता के साथ रहने लगा। धर्मों के रूढ़िवाद के मामले में वे उदारवादी हैं। उनकी शिक्षा के माध्यम से मैंने अपने जीवन को स्वतंत्रता के उद्देश्य के लिए समर्पित करने का मन बनाया, लेकिन वे नास्तिक नहीं हैं, वे दृढ़ आस्थावान हैं। वे मुझे रोज प्रार्थना करने के लिए प्रोत्साहित करते थे। तो इस तरह मैं बड़ा हुआ था। असहयोग के दिनों में, मैंने नेशनल कॉलेज में दाखिला लिया। यहाँ से मैंने उदारतापूर्वक सोचना शुरू किया और सभी धार्मिक समस्याओं, यहाँ तक कि भगवान् के बारे में भी चर्चा करने लगा और उनकी आलोचना करने लगा, लेकिन फिर भी मैं एक धर्मनिष्ठ विश्वासी था। उस समय तक मैंने लंबे बाल रखना शुरू कर दिया था, लेकिन मैं कभी भी सिख धर्म या किसी अन्य धर्म की पौराणिक कथाओं और सिद्धांतों पर विश्वास नहीं करता था, लेकिन मुझे भगवान् के अस्तित्व में दृढ़ विश्वास था।

आगे चलकर मैं क्रांतिकारी दल में शामिल हो गया। पहले नेता,

जिनके संपर्क में मैं आया, हालाँकि आश्वस्त नहीं थे, लेकिन वह ईश्वर के अस्तित्व को नकारने का साहस नहीं कर सकते थे। भगवान् के बारे में मेरे लगातार सवालों पर वह कहा करते थे, "जब भी आप चाहें, प्रार्थना करें।" अब उस पंथ को अपनाने के लिए नास्तिकता रहित साहस की आवश्यकता थी। दूसरे नेता, जिनके संपर्क में मैं आया, वह दृढ़ आस्तिक थे। मुझे उनके नाम का उल्लेख करने दें—सम्मानित साथी शचिंद्रनाथ सान्याल, जो अब कराची षड्यंत्र मामले में आजीवन कारावास की सजा भोग रहे हैं। उनकी प्रसिद्ध और एकमात्र पुस्तक 'बंदी जीवन' (या अव्यवस्थित जीवन) के हर पहले पृष्ठ पर भगवान् की महिमा को गाया जाता है। उस सुंदर पुस्तक के दूसरे भाग के अंतिम पृष्ठ में, उनके रहस्यवादी (वेदांतवाद के कारण) भगवान् पर की गई प्रशंसा उनके विचारों का एक बहुत ही विशिष्ट हिस्सा है।

'रिवॉल्यूशनरी लीफलेट' (क्रांतिकारी परचा), जिसे 28 जनवरी, 1925 को पूरे भारत में वितरित किया गया, अभियोजन पक्ष के अनुसार, उनके बौद्धिक श्रम का परिणाम था। अब, जैसाकि गुप्त कार्य में अपरिहार्य है, प्रमुख नेता अपने विचारों को व्यक्त करते हैं, जो उनके स्वयं के व्यक्ति को बहुत प्रिय हैं और बाकी सब अनुयायियों को उनसे सहमत होना पड़ता है—उन मतभेदों के बावजूद, जो उन्हें हो सकते हैं। उस परचे में एक पूरा पैराग्राफ

सर्वशक्तिमान और उनके गुणगान तथा कार्यों को समर्पित था। वह सब रहस्यवाद है। मैं जो इंगित करना चाहता था, वह यह था कि अविश्वास का विचार क्रांतिकारी पार्टी में अभी अंकुरित भी नहीं हुआ था। प्रसिद्ध काकोरी शहीदों (वे सभी चारों) ने प्रार्थना करते हुए अपना अंतिम दिन गुजारा। राम प्रसाद बिस्मिल एक रूढ़िवादी आर्यसमाजी थे। समाजवाद और साम्यवाद के क्षेत्र में अपने व्यापक अध्ययन के बावजूद राजन लाहिड़ी उपनिषदों और गीता के मंत्रों को उच्चारित करने की अपनी इच्छा को दबा नहीं सके। मैंने उनमें से केवल एक आदमी को देखा, जिसने कभी प्रार्थना नहीं की और कहा करते थे, "दर्शन मानव की कमजोरी या ज्ञान की सीमा का परिणाम है।" वह भी आजीवन कारावास की सजा भोग रहे हैं, लेकिन उन्होंने भी कभी भगवान् के अस्तित्व को नकारने की हिम्मत नहीं की।

*उस अवधि तक, मैं केवल एक रोमांटिक आदर्शवादी क्रांतिकारी था। तब तक हमें सिर्फ निर्देशों का पालन करना था। अब पूरी जिम्मेदारी अपने कंधों पर लेने का समय आ गया था। अवश्यंभावी प्रतिक्रिया के कारण कुछ समय के लिए पार्टी का अस्तित्व बनाए रखना असंभव सा लग रहा था। उत्साही कामरेड (कई नेता) हम पर ताना कसने लगे। कुछ समय के लिए मुझे डर था कि किसी दिन मैं भी अपने स्वयं के कार्यक्रम की निरर्थकता के बारे में आश्वस्त नहीं रह पाऊँगा। यह मेरे क्रांतिकारी कॅरियर का एक महत्त्वपूर्ण मोड़ था। 'अध्ययन' वह चीख थी, जो मेरे दिमाग के गलियारों में गूँजती थी। विपक्ष द्वारा उठाए गए तर्कों का सामना करने के लिए, खुद को सक्षम करने के लिए अध्ययन करें। अपने पंथ के पक्ष में तर्कों के साथ खुद को लैस करने के*

*लिए अध्ययन करें। मैं पढ़ाई करने लगा। मेरे पिछले विचार और दृढ़ विश्वासों में एक उल्लेखनीय संशोधन हुआ। अकेले केवल हिंसक तरीकों का रोमांस, जो हमारे पूर्ववर्तियों के बीच इतना प्रमुख था, उसे गंभीर विचारों से बदल दिया गया था। अब न तो रहस्यवाद था, न अधिक अंधविश्वास। यथार्थवाद हमारा पंथ बन गया। बल का उपयोग—बेहद आवश्यकता के रूप में सहारा लेने पर उचित; सभी जन आंदोलनों के लिए अपरिहार्य नीति के रूप में अहिंसा। तरीकों के बारे में इतना कुछ।*

सबसे महत्त्वपूर्ण बात थी उस आदर्श की स्पष्ट अवधारणा, जिसके लिए हम लड़ना चाहते थे। चूँकि काररवाई के क्षेत्र में कोई महत्त्वपूर्ण गतिविधियाँ नहीं थीं, इसलिए मुझे विश्व क्रांति के विभिन्न आदर्शों का अध्ययन करने का पर्याप्त अवसर मिला। मैंने अराजकतावादी नेता बकुनिन, साम्यवाद के पिता मार्क्स का व कुछ और साम्यवादी नेताओं, जैसे लेनिन, ट्रॉट्स्की तथा अन्य लोगों का अधिक अध्ययन किया; इन लोगों ने अपने देश में सफलतापूर्वक क्रांति की थी। वे सभी नास्तिक थे। बकुनिन का 'भगवान् और राज्य', हालाँकि केवल उसका एक हिस्सा ही विषय का एक दिलचस्प अध्ययन है। बाद में, मैं निरलंबा स्वामी की 'कॉमन सेंस' नामक एक पुस्तक को पढ़ने लगा। यह केवल एक प्रकार की रहस्यवादी नास्तिकता थी। यह विषय मेरे लिए अत्यंत रुचिकर बन गया। 1926 के अंत तक मैं सर्वशक्तिमान सर्वोच्च के अस्तित्व के सिद्धांत की आधारहीनता के प्रति आश्वस्त हो गया था, जिसने ब्रह्मांड का निर्माण, मार्गदर्शन और नियंत्रण किया था। मैंने अपने इस विश्वास को छोड़ दिया था। मैंने अपने दोस्तों के साथ विभिन्न विषयों पर चर्चा शुरू कर दी। मैं

निश्चित तौर पर नास्तिक बन गया था। लेकिन इसका क्या मतलब है, इसकी चर्चा अभी की जाएगी।

मई 1927 में मुझे लाहौर में गिरफ्तार किया गया। यह गिरफ्तारी मेरे लिए आश्चर्यजनक थी। मैं इस तथ्य से बिल्कुल अनजान था कि पुलिस मुझे गिरफ्तार करना चाहती थी। अचानक से एक बगीचे से गुजरते हुए मैंने खुद को पुलिस से घिरा पाया। मुझे खुद आश्चर्य हुआ, मैं उस समय बहुत शांत था। मुझे कोई हड़बड़ाहट महसूस नहीं हुई, न ही मुझे कोई उत्तेजना का अनुभव हुआ। मुझे पुलिस हिरासत में ले लिया गया। अगले दिन मुझे रेलवे पुलिस लॉकअप में ले जाया गया जहाँ मुझे पूरा एक महीना गुजारना था। पुलिस अधिकारियों के साथ कई दिनों की बातचीत के बाद मैंने अनुमान लगाया कि उन्हें काकोरी पार्टी के साथ मेरे संबंध और क्रांतिकारी आंदोलन के संबंध में मेरी अन्य गतिविधियों के बारे में कुछ जानकारी थी। उन्होंने मुझे बताया कि जब वहाँ मुकदमा चल रहा था, उस दौरान मैं लखनऊ गया था, मैंने उनके बचाव को लेकर एक निश्चित योजना पर बातचीत की थी और उनकी स्वीकृति प्राप्त करने के बाद हमने कुछ बम खरीदे थे और बमों में से एक बम के परीक्षण के लिए 1926 में दशहरे के अवसर पर उसे भीड़ में फेंका था। उन्होंने मेरे भले के लिए आगे मुझे सूचित किया कि अगर मैं क्रांतिकारी पार्टी की गतिविधियों पर कुछ प्रकाश डाल सकता हूँ तो मुझे जेल में नहीं रहना होगा, बल्कि मुझे बरी कर दिया जाएगा तथा पुरस्कृत भी किया जाएगा; यहाँ तक कि अदालत में गवाह के रूप में प्रस्तुत भी नहीं किया जाएगा। मुझे प्रस्ताव पर हँसी आ गई। यह सब दंभ था।

हमारे जैसे विचार रखनेवाले लोग अपने ही निर्दोष लोगों पर बम नहीं फेंकते। एक दिन सुबह श्री न्यूमैन, जो सी.आई.डी. के तत्कालीन वरिष्ठ अधीक्षक थे, मेरे पास आए और मेरे साथ बहुत सहानुभूतिपूर्ण

बात करने के बाद, उन्होंने अत्यंत दु:खद समाचार (जो उनके लिए था) मेरे साथ साझा किया कि अगर मैंने उनके द्वारा की गई माँग के अनुसार कोई बयान नहीं दिया तो उन्हें काकोरी मामले में युद्ध छेड़ने की साजिश करने और दशहरा बम विस्फोट में क्रूर हत्याओं के संबंध में मुकदमा चलाने के लिए मजबूर होना पड़ेगा। और उन्होंने मुझे आगे सूचित किया कि मुझे दोषी करार देने तथा फाँसी देने के लिए उनके पास पर्याप्त सबूत हैं।

उन दिनों मेरा मानना था (हालाँकि मैं काफी नासमझ था) कि पुलिस अगर चाहती तो वैसा कर सकती थी, जो वह कह रही थी। उसी दिन से कुछ पुलिस अधिकारियों ने मुझे दोनों समय भगवान् की नियमित रूप से प्रार्थना करने के लिए राजी करना शुरू कर दिया था। अब मैं नास्तिक था। मैं खुद के लिए यह समझना चाहता था कि क्या शांति और आनंद के दिनों में ही मैं नास्तिक होने का दावा कर सकता हूँ या इस तरह के कठिन समय के दौरान भी मैं अपने सिद्धांतों पर टिक सकता हूँ? बहुत विचार करने के बाद, मैंने फैसला किया कि मैं खुद को भगवान् में विश्वास करने और प्रार्थना करने के लिए मजबूर नहीं कर सकता। नहीं, और मैंने कभी किया भी नहीं। यही असली परीक्षा थी और मैं इसमें सफल रहा। एक पल के लिए भी मैंने कुछ अन्य चीजों की कीमत पर अपनी जिंदगी बचाने की कोशिश नहीं की। तो मैं एक कट्टर नास्तिक था और तब से ऐसा ही हूँ। उस परीक्षा में खड़ा रहना आसान काम नहीं था।

'विश्वास' मुश्किलों को सरल बनाता है, यहाँ तक कि उन्हें सुखद भी बना सकता है। भगवान् में मनुष्य बहुत मजबूत सांत्वना और समर्थन पा सकता है। उसके बिना आदमी को खुद पर निर्भर होना पड़ता है। तूफान और तेज लहरों के बीच अपने पैरों पर खड़ा होना बच्चों का खेल

नहीं है। ऐसे कठिन क्षणों में, घमंड यदि हो तो गायब हो जाता है और मनुष्य सामान्य मान्यताओं को धता बताने का साहस नहीं कर सकता है। और अगर वह ऐसा करता है तो हमें यह निष्कर्ष निकालना चाहिए कि उसमें केवल घमंड के अलावा कुछ और ताकत भी है। इस समय यही स्थिति है। निर्णय पहले से ही पता है। एक सप्ताह के भीतर इसे सुनाया जाएगा। इस विचार के अपवाद के साथ सांत्वना क्या है कि मैं किसी कारण के लिए अपने जीवन का बलिदान करने जा रहा हूँ ? ईश्वर को माननेवाला हिंदू यह उम्मीद कर सकता है कि वह राजा के रूप में पुनर्जन्म लेगा, एक मुसलिम या ईसाई स्वर्ग में विलासिता भोगने और उसे अपने कष्टों तथा बलिदानों के लिए मिलनेवाले इनाम के सपने के रूप में देख सकता है। लेकिन मुझे क्या उम्मीद हो सकती है ? मुझे पता है कि जिस समय रस्सी मेरी गरदन में डाली जाएगी और मेरे पैरों के नीचे से फट्टे हटाए जाएँगे, वह अंतिम क्षण होगा, केवल वह अंतिम क्षण होगा। मैं, या अधिक सटीक कहें तो मेरी आत्मा, जैसाकि तत्त्वमीमांसा शब्दावली में व्याख्या की गई है, सब वहीं समाप्त हो जाएगा। आगे कुछ भी नहीं। संघर्ष के सूक्ष्म काल में इस तरह की शानदार मौत अपने आप में इनाम होगी, अगर मुझमें इसे लेने की हिम्मत है। बस इतना ही। बिना किसी स्वार्थ उद्देश्य के यहाँ या उसके बाद सम्मानित होने की इच्छा के साथ, बहुत ही निष्ठुरता से मैंने अपना जीवन स्वतंत्रता के लिए समर्पित कर दिया है, क्योंकि मैं अन्यथा नहीं कर सकता था। जिस दिन हम इस मनोविज्ञान के साथ बड़ी संख्या में पुरुषों और महिलाओं को पाएँगे, जो मानव जाति की सेवा और पीड़ित मानवता की मुक्ति के अलावा किसी और चीज के लिए खुद को समर्पित नहीं कर सकते हैं, उस दिन स्वतंत्रता के युग की शुरुआत होगी।

न राजा बनने के लिए और न ही इस जन्म में या अगले जन्म में,

या स्वर्ग में मृत्यु के बाद किसी भी अन्य पुरस्कार को पाने के लिए क्या वे उत्पीड़कों, शोषकों और अत्याचारियों को चुनौती देने के लिए प्रेरित होंगे, ताकि मानवता की आत्मा से दासता का चिह्न हटाया जा सके तथा स्वतंत्रता और शांति को स्थापित करने के लिए कदम उठाएँगे—अपने व्यक्तिगत स्वार्थों के लिए और अपने कुलीन के लिए, जो एकमात्र गौरवशाली कल्पना का मार्ग है ? क्या उनके नेक काम पर गर्व को घमंड के रूप में गलत ढंग से परिभाषित किया जा सकता है ? कौन इस तरह के घृणित प्रकरण का उच्चारण करने की हिम्मत करता है ? उसके लिए मैं कहता हूँ कि या तो वह मूर्ख है या गुलाम है। चलिए, हम उसे क्षमा करें, क्योंकि वह उस हृदय में बसी गहराई, भावना, संवेदना और महान् भावनाओं को महसूस नहीं कर सकता है। उसका दिल मर चुका है, मांस की एक गाँठ मात्र है, उसकी आँखें कमजोर हैं तथा अन्य तरह के लाभ उस पर हावी हैं। आत्मनिर्भरता को हमेशा घमंड के रूप में व्याख्यायित किया जाता है। यह दुःखद और तुच्छ है, लेकिन इसका कुछ नहीं किया जा सकता है।

आप जाते हैं और प्रचलित विश्वास का विरोध करते हैं, आप जाते हैं और एक नायक की आलोचना करते हैं, एक महान् व्यक्ति, जिसे आमतौर पर आलोचना से इतर माना जाता है, क्योंकि वह दोषरहित माना जाता है, आपके तर्क की ताकत भीड़ को आपको नास्तिक कहने के लिए मजबूर करेगी। यह मानसिक ठहराव के कारण है। आलोचना और स्वतंत्र सोच एक क्रांतिकारी के दो अपरिहार्य गुण हैं; क्योंकि महात्माजी महान् हैं, इसलिए किसी को भी उनकी आलोचना नहीं करनी चाहिए। क्योंकि वह ऊपर उठ चुके हैं, इसलिए वह जो कुछ भी कहते हैं (वह राजनीति या धर्म, अर्थशास्त्र या नैतिकता के क्षेत्र में हो), सही होता है। फिर चाहे आप इससे आश्वस्त हैं या नहीं, आपको कहना होगा, "हाँ,

यह सच है।" यह मानसिकता प्रगति की ओर नहीं ले जाती है। बल्कि यह बहुत स्पष्ट है, प्रतिक्रियावादी है।

क्योंकि हमारे पूर्वजों ने किसी सर्वोच्च शक्ति में विश्वास स्थापित किया था (सर्वशक्तिमान ईश्वर, इसलिए कोई भी व्यक्ति, जो उस विश्वास की वैधता या उस सर्वोच्च शक्ति के अस्तित्व को चुनौती देने की हिम्मत करता है, उसे अपवित्र, पाखंडी कहा जाता है। अगर उसकी दलीलें बहुत तर्कसंगत हैं और उसका विश्वास बहुत मजबूत है), वितर्क और आत्मा से खारिज होने के लिए बहुत मजबूत हैं, जो उस खतरे से लड़ने के लिए मजबूती से खड़ा है, जो उसके ऊपर सर्वशक्तिमान के क्रोध से भड़क सकता है, उसे घमंडी कहा जाता है और उसकी आत्मा को बदनाम किया जाता है। फिर इस व्यर्थ की चर्चा में समय क्यों बरबाद किया जाए? पूरे विषय पर बहस करने की कोशिश क्यों? यह सवाल पहली बार जनता के सामने आ रहा है और इस मामले पर पहली बार काम किया जा रहा है, इसलिए यह लंबी चर्चा है।

जहाँ तक सवाल पहले प्रश्न का है, मुझे लगता है कि मैंने साफ कर दिया है कि वह घमंड नहीं है, जो मुझे नास्तिकता की ओर ले गया है। मेरे तर्क के तरीके समझा पाने में सफल हुए हैं या नहीं, इसे मेरे पाठकों द्वारा आँका जाना है, न कि मेरे द्वारा। मुझे पता है कि वर्तमान परिस्थितियों में, भगवान् में मेरे विश्वास ने मेरे जीवन को आसान बना दिया होता, मेरा बोझ हलका हो गया होता और उस पर मेरे अविश्वास ने सभी परिस्थितियों को बोझिल बना दिया है तथा परिस्थिति बहुत कठोर हो सकती हैं। थोड़ा सा रहस्यवाद इसे काव्यात्मक बना सकता है, लेकिन मैं अपनी किस्मत से मिलने के लिए किसी नशे की मदद नहीं लेना चाहता। मैं एक यथार्थवादी हूँ। मैं तर्क की मदद से अपने अंदर की मूल वृत्ति पर काबू पाने की कोशिश कर रहा हूँ। मैं हमेशा इस मुकाम

को हासिल करने में सफल नहीं रहा हूँ। लेकिन मनुष्य का कर्तव्य है कि वह प्रयास करे और करता रहे; सफलता मौके और वातावरण पर निर्भर करती है।

दूसरे प्रश्न की बात करें तो अगर यह घमंड नहीं था तो भगवान् के अस्तित्व पर पुराने और आज तक प्रचलित विश्वास को खारिज करने के लिए कुछ तो ठोस कारण होना चाहिए; हाँ, मैं अब उस कारण पर आता हूँ। मेरे अनुसार कोई भी व्यक्ति, जिसमें कुछ तर्क करने की शक्ति होती है, वह हमेशा अपने वातावरण में होनेवाली चीजों के कारण जानने की कोशिश करता है। जहाँ प्रत्यक्ष प्रमाणों की कमी है, वहाँ दर्शन महत्त्वपूर्ण स्थान रखता है। जैसाकि मैंने पहले भी कहा है, मेरे एक विशेष क्रांतिकारी मित्र कहा करते थे कि दर्शनशास्त्र मानवीय कमी का परिणाम है। जब हमारे पूर्वजों के पास इस दुनिया के रहस्य, इसके अतीत, वर्तमान और भविष्य, इसके क्यों और कहाँ-कहाँ को सुलझाने का समय था तो उनके समक्ष प्रत्यक्ष प्रमाणों की बहुत कमी थी, इसलिए हर किसी ने अपने तरीके से समस्या को हल करने की कोशिश की। इसलिए हम विभिन्न धार्मिक पंथों के मूल सिद्धांतों में व्यापक अंतर पाते हैं, जो कभी-कभी बहुत विरोधी और परस्पर विरोधी प्रतीत होते हैं। न केवल पूर्वी और पश्चिमी दर्शन भिन्न हैं, प्रत्येक गोलार्ध में विचारों के विभिन्न गुरुकुलों के बीच भी मतभेद हैं। पूर्वी धर्मों के बीच मुसलिम धर्म किसी भी तरह हिंदू धर्म के समान नहीं है। अकेले भारत में बौद्ध धर्म और जैन धर्म कभी-कभी ब्राह्मणवाद से काफी अलग होते हैं, जिनमें फिर से आर्यसमाज और सनातन धर्म के रूप में परस्पर विरोधी विश्वास हैं। चार्वाक आज भी पिछले युगों के एक और स्वतंत्र विचारक हैं। उन्होंने पुराने समय में भगवान् के अस्तित्व को चुनौती दी थी। ये सभी पंथ मूल प्रश्न पर एक-दूसरे से भिन्न हैं और हर कोई अपने आप को सही मानता है। यहीं

दुर्भाग्य दिखाई देता है। अज्ञानता के खिलाफ अपने भविष्य के संघर्ष के आधार के रूप में इन प्राचीन संतों और विचारकों के प्रयोगों तथा अभिव्यक्तियों को उपयोग करने और इस रहस्यमय समस्या का समाधान खोजने की कोशिश करने के बजाय हम (आलसी, जैसे कि हम साबित कर चुके हैं) अपने पंथ के संस्करणों के प्रति विश्वास, अविश्वास तथा अटूट विश्वास का हल्ला मचाते रहते हैं और इस प्रकार मानव प्रगति में ठहराव के लिए दोषी हैं।

कोई भी व्यक्ति, जो प्रगति करने के लिए खड़ा होता है, उसे पुराने विश्वास के प्रत्येक बिंदु की आलोचना करना, अविश्वास करना और चुनौती देनी होगी। बिंदु-दर-बिंदु उसे प्रचलित पंथ की हर बात पर प्रश्न करना होगा। यदि पर्याप्त तर्क के बाद वह किसी भी सिद्धांत या दर्शन पर विश्वास करने लगता है तो उसके विश्वास का स्वागत किया जाता है। उसके तर्क को गलती, गलत, गुमराह और कभी-कभी भ्रामक समझा जा सकता है। लेकिन वह सुधार के लिए उत्तरदायी है, क्योंकि यह कारण उसके जीवन का मार्गदर्शक है। लेकिन केवल विश्वास और अंधविश्वास खतरनाक है—यह मस्तिष्क को सुस्त करता है और व्यक्ति को प्रतिक्रियावादी बनाता है।

एक आदमी जो यथार्थवादी होने का दावा करता है, उसे सभी प्राचीन ग्रंथों को चुनौती देनी होगी। यदि वह तर्क से होनेवाली प्रतिक्रिया के विरुद्ध खड़ा नहीं होता है तो वह समाप्त हो जाता है। ऐसे में पहला काम जो उसे करना है, वह है—उनकी नींव को समाप्त करना होगा और एक नए दर्शन के निर्माण के लिए जगह खाली करनी होगी। यह नकारात्मक पक्ष है। सकारात्मक काम शुरू करने के बाद, इसमें कभी-कभी पुनर्निर्माण के उद्‍देश्य के लिए पुराने विश्वास की कुछ सामग्री का उपयोग किया जा सकता है। जहाँ तक मेरा सवाल है, मुझे इस बात को

स्वीकार करने दें कि मैं इस विषय पर ज्यादा अध्ययन नहीं कर पाया हूँ। मेरे अंदर पश्चिमी दर्शन का अध्ययन करने की बहुत इच्छा थी, लेकिन मुझे ऐसा करने का कोई मौका या अवसर नहीं मिल सका। लेकिन चूँकि नकारात्मक अध्ययन पर चर्चा चल रही है तो मुझे लगता है कि मैं पुराने विश्वास की ध्वनि पर सवाल उठाने के लिए आश्वस्त हूँ। मैं इस तथ्य से आश्वस्त हूँ कि कोई सर्वोच्च शक्ति नहीं है, जो प्रकृति के कार्यों का मार्गदर्शन और संचालन कर रही है। हम प्रकृति में विश्वास करते हैं और संपूर्ण प्रगतिशील कार्यों का उद्देश्य है—मनुष्य का उसकी सेवा के लिए प्रकृति पर प्रभुत्व। इसे निर्देशित करने के पीछे कोई सचेत शक्ति नहीं है। यही हमारा दर्शन है।

नकारात्मक पक्ष की बात करें तो हम 'आस्तिकों' से कुछ सवाल पूछते हैं। यदि, जैसाकि आप मानते हैं, एक सर्वशक्तिमान, सर्वव्यापी, सर्वज्ञ और सर्वशक्तिमान ईश्वर है, जिसने पृथ्वी या दुनिया का निर्माण किया है तो कृपया मुझे बताएँ कि उसने इसे क्यों बनाया ? संकटों और दुःखों की यह दुनिया, अनगिनत दुःखों का सत्य, शाश्वत संयोजन है, जिससे एक भी आत्मा पूरी तरह से संतुष्ट नहीं हुई है।

प्रार्थना करो, यह मत कहो कि यह उनका नियम है—यदि वह किसी भी नियम से बँधा होता तो वह सर्वशक्तिमान नहीं है। वह भी हमारी तरह एक और गुलाम है। कृपया यह न कहें कि इसमें उसे आनंद मिलता है। नीरो ने एक रोम जला दिया। उसने बहुत सीमित लोगों को मार डाला। उसने बहुत कम त्रासदियों का निर्माण किया, जो उसके संपूर्ण आनंद के लिए थीं। और इतिहास में उसका क्या स्थान है ? इतिहासकार किन नामों से उसका उल्लेख करते हैं ? सभी विषैले विशेषण से उस को पुकारा जाता है। नीरो अत्याचारी, हृदयहीन, दुष्ट जैसे निंदनीय शब्दों से उस पर किताबें लिखी गई हैं।

**मैं नास्तिक क्यों हूँ ?**

चंगेज खान ने आनंद लेने के लिए कुछ हजार प्राणों की आहुति दी और हम उसके नाम से बहुत नफरत करते हैं। फिर आप अपने सर्वशक्तिमान, अनंत नीरो को कैसे जायज साबित कर रहे हैं, जो हर दिन, हर घंटे और हर मिनट में अनगिनत त्रासदियों को जन्म दे रहा है ? आप उनके गलत कामों का समर्थन करने के बारे में कैसे सोच सकते हैं, जो हर पल चंगेज के दुष्कर्मों से आगे निकल जाते हैं ? मैं कहता हूँ, उसने इस दुनिया को क्या बनाया—एक सच्चा नरक, निरंतर और कड़वा अशांति का स्थान ? सर्वशक्तिमान ने मनुष्य को क्यों बनाया, जब उसके पास ऐसा करने की शक्ति नहीं थी ? इन सबका क्या औचित्य है ? क्या आप निर्दोष पीड़ितों को और उसके बाद गलत करनेवालों को दंडित करने के लिए कहते हैं ? ठीक है, अच्छी तरह से—आप कितनी दूर तक एक आदमी को सही ठहराएँगे, जो बाद में उस पर एक बहुत नरम और सुखदायक लाइनिंग लागू करने के लिए आपके शरीर पर घावों को भड़काने की हिम्मत कर सकता है ? ग्लेडिएटर इंस्टीट्यूशन के समर्थकों और आयोजकों द्वारा पुरुषों को फेंकने से पहले आधा भूखे शेरों की देखभाल करने के लिए उचित ठहराया गया था तथा अच्छी तरह से देखा गया था कि क्या वे जीवित रह सकते हैं और जंगली जानवरों द्वारा मौत से बचने का प्रबंधन कर सकते हैं ? यही कारण है कि मैं पूछता हूँ, “सचेत सर्वोच्चता ने इस दुनिया और उसमें रहने के लिए आदमी को क्यों बनाया है ? आनंद की तलाश करने के लिए ? फिर उसके और नीरो के बीच अंतर कहाँ है ?”

हिंदू दर्शन अभी भी एक और तर्क देगा। मैं इसलाम तथा ईसाई धर्म के अनुयायियों से पूछता हूँ कि उपरोक्त प्रश्न पर आपका जवाब क्या है ? क्या आप पूर्व जन्म में विश्वास नहीं रखते हैं ? हिंदुओं की तरह आप इस बात पर बहस नहीं करते हैं कि निर्दोष पीड़ितों को उनके पिछले गलत कर्मों का फल भोगना पड़ रहा है ? मैं आपसे पूछता हूँ

कि उस सर्वशक्तिमान ने शब्द के माध्यम से दुनिया बनाने के लिए छह दिन श्रम क्यों किया और प्रत्येक दिन यह कहने के लिए कि 'सब ठीक था'? आज उसे बुलाओ। उसे इतिहास दिखाओ। उसे वर्तमान स्थिति का अध्ययन कराओ। आइए, देखें कि क्या वह यह कहने की हिम्मत करता है—"सब ठीक है।"

कारागृहों की कालकोठरियों से, झोंपड़ियों तथा गंदी बस्तियों में स्थित भुखमरी के भंडारों से, जहाँ लाखों-करोड़ों व्यक्ति भूख के शिकार होते रहते हैं, शोषित मजदूरों से, जहाँ वह धैर्यपूर्वक या यों कहें कि निर्विकार भाव से नरपिशाच रूपी पूँजीपतियों द्वारा श्रमिकों के रक्त को चूसे जाने की प्रक्रिया को देखता रहता है तथा वहाँ वह मानवीय शक्ति को इस प्रकार से बरबाद होता देखता रहता है कि कमतर बुद्धिवाला व्यक्ति भी उस संत्रास को होता देख काँप उठे; और उत्पादन के आधिक्य को जरूरतमंद उत्पादकों में न वितरित कर उसे समुद्र में फेंके जाने की प्राथमिकता से लेकर...मानवीय हड्डियों से बनी राजाओं के महलों की नींवों तक...उसे सबकुछ सिर्फ देखते रहने दो और कहने दो, "सबकुछ ठीक ही तो चल रहा है।"

'क्यों और कहाँ से?' यह मेरा पहला सवाल है। तुम चुप हो।

ठीक है, तो मैं आगे बढ़ता हूँ। ठीक है, आप हिंदू कहते हैं कि सभी उपस्थित पीड़ित पिछले जन्म के पापियों के वर्ग के हैं। ठीक है, आप कहते हैं कि वर्तमान में उत्पीड़न करनेवाले अपने पिछले जन्म में संत लोग थे, इसलिए वे सत्ता का आनंद ले रहे हैं। मुझे यह स्वीकार करने दें कि आपके पूर्वज बहुत चतुर लोग थे, उन्होंने तर्क और अविश्वास के सभी प्रयासों को समाप्त करने के लिए मजबूत सिद्धांतों को खोजने की कोशिश की। लेकिन आइए, हम विश्लेषण करें कि यह तर्क वास्तव में कितना मजबूत है?

सुप्रसिद्ध न्यायविदों के दृष्टिकोण से सजा, जो गलत काम करनेवाले को दी जाती है, को केवल तीन या चार छोरों से साबित किया जा सकता है। वे प्रतिशोधी, सुधारवादी और निवारक हैं। अब प्रतिशोधी सिद्धांत की सभी उन्नत विचारकों द्वारा निंदा की जा रही है। निवारक सिद्धांत का भी यही हाल है। एकमात्र सुधारवादी सिद्धांत ही है, जो मानव प्रगति के लिए आवश्यक और अपरिहार्य है। इसका उद्‍देश्य अपराधी को समाज के सबसे सक्षम और शांतिप्रिय नागरिक के रूप में दोबारा लौटाना है। लेकिन ईश्वर द्वारा पुरुषों को दंडित किए जाने की सजा का क्या स्वरूप है, जिन्हें हम अपराधी मानते हों? आप कहते हैं कि वह उन्हें गाय, बिल्ली, पेड़, जड़ी-बूटी या सर्वश्रेष्ठ के रूप में जन्म लेकर भेजता है। आप इन दंडों को 84 लाख मान लेते हैं। मैं आपसे पूछता हूँ कि मनुष्य पर इसका सुधारक प्रभाव क्या है? आप आज तक कितने ऐसे लोगों से मिले हैं, जो कहते हैं कि वे पिछले जन्म में गधे के रूप में पैदा हुए थे, क्योंकि उन्होंने कोई पाप किया था? कोई नहीं। अपने पुराणों का उद्धरण मत दीजिए। मेरे पास आपके पुराणों को छूने की कोई गुंजाइश नहीं है। इसके अलावा, क्या आप जानते हैं कि इस दुनिया में सबसे बड़ा पाप गरीब होना है? गरीबी एक पाप है, यह एक सजा है।

मैं आपसे पूछता हूँ कि आप एक अपराधी, न्यायविद् या विधायक की कितनी प्रशंसा करेंगे, जो सजा के ऐसे उपायों का प्रस्ताव करता है जो अवश्य ही आदमी को अधिक अपराध करने के लिए मजबूर करेगा? क्या आपके भगवान् ने इस बारे में नहीं सोचा था या उन्हें भी इन चीजों को अनुभव से सीखना था, लेकिन मानवता को अनगिनत पीड़ाएँ देने की कीमत पर? आपको क्या लगता है कि उस आदमी का भाग्य क्या होगा जो एक चमार या स्वीपर के गरीब और अनपढ़ परिवार में जनमा हो? वह गरीब है, इसलिए वह पढ़ाई नहीं कर सकता। वह अपने साथी

लोगों द्वारा घृणा से देखा जाता है और अछूत समझा जाता है, जो खुद को उससे बड़ा या कहें एक उच्च जाति में जनमा मानते हैं। उसकी अज्ञानता, उसकी गरीबी और उसके साथ हो रहे व्यवहार से समाज के प्रति उसका हृदय कठोर हो जाता है। मान लीजिए, वह एक पाप करता है तो इसका परिणाम कौन भुगतेगा ? भगवान्, वह या समाज के पढ़े-लिखे लोग ? उन लोगों की सजा का क्या, जिन्हें घमंडी और अहंकारी ब्राह्मणों द्वारा जानबूझकर अनभिज्ञ रखा जाता था और जिन्हें आपके सीख प्रदान करनेवाले पवित्र ग्रंथों-वेदों के कुछ वाक्यों को सुनने के लिए अपने कानों में सीसा (लीड नहीं) डलने का दर्द सहन करके दंड का भुगतान करना पड़ता था ? यदि उन्होंने कोई अपराध किया था तो उसके लिए कौन जिम्मेदार था और किसे उसका खामियाजा भुगतना पड़ता था ? मेरे प्यारे दोस्तो, ये सिद्धांत विशेषाधिकार प्राप्त लोगों के आविष्कार हैं—वे इन सिद्धांतों की मदद से अपनी बेकार की शक्ति, धन और श्रेष्ठता को सही ठहराते हैं। हाँ, यह संभवतः अप्टन सिंक्लेयर था, जिसने किसी स्थान पर लिखा था कि किसी व्यक्ति को अमरता में विश्वास दिलाएँ और फिर उसका सभी धन व संपत्ति लूट लें। वह उस कृतघ्नता में भी आपकी सहायता करेगा। धार्मिक प्रचारकों और सत्ता के समर्थकों के बीच गठबंधन ने जेलों, फाँसी, चाबुकों और इन सिद्धांतों को आगे बढ़ाया।

मैं पूछता हूँ कि जब कोई पाप या अपराध कर रहा होता है तो आपका सर्वशक्तिमान भगवान् उस आदमी को क्यों नहीं रोकता है ? वह इसे काफी आसानी से कर सकता है। वह युद्ध करानेवाले सम्राटों को क्यों नहीं मारता या उनमें युद्ध करने की उत्तेजना को ही खत्म क्यों नहीं कर देता है, ताकि भीषण युद्ध से मानवता के सिर पर गिरनेवाली तबाही से बचा जाए ? वह भारत को आजाद कराने के लिए ब्रिटिश लोगों

के दिमाग में सिर्फ एक खास भावना क्यों नहीं पैदा करता? वह सभी पूँजीपतियों के दिलों में परोपकारी उत्साह को उत्पन्न क्यों नहीं करता है, ताकि वे उत्पादन के साधनों तथा निजी संपत्ति के अपने अधिकारों को छोड़ सकें और इस तरह पूरे मजदूर समुदाय (बल्कि पूरे मानव समाज) को पूँजीवाद के बंधन से मुक्त किया जा सके? आप समाजवादी सिद्धांत की व्यावहारिकता का तर्क देना चाहते हैं, मैं इसे लागू करना आपके सर्वशक्तिमान पर छोड़ता हूँ।

लोग समाजवाद के गुणों को उतना ही पहचानते हैं, जितना सामान्य कल्याण से संबंधित है। वे इसके अव्यावहारिक होने को लेकर इसका विरोध करते हैं। सर्वशक्तिमान को आने दें और उन्हें सबकुछ तरीके से व्यवस्थित करने दें। अब एक ही तर्क को आगे बढ़ाने की कोशिश न करें, वे पुराने हो चुके हैं। मैं आपको बता दूँ, ब्रिटिश शासन यहाँ इसलिए नहीं है, क्योंकि ईश्वर ने ऐसा चाहा है, बल्कि इसलिए है, क्योंकि उनके पास शक्ति है और हममें उनका विरोध करने का साहस नहीं है। ऐसा नहीं है कि वे भगवान् की मदद से हमें अपने अधीन रख रहे हैं, लेकिन यह बंदूक और राइफल, बम और गोलियाँ, पुलिस और मिलिटरी तथा हमारी उदासीनता है कि वे सफलतापूर्वक समाज के खिलाफ सबसे घृणित पाप कर रहे हैं—एक राष्ट्र द्वारा दूसरे का अपमानजनक शोषण। भगवान् कहाँ है? वह क्या कर रहा है? क्या वह मानव जाति के इन सभी संकटों का आनंद ले रहा है? नीरो, चंगेज भी तो उसके जैसे ही थे।

क्या आप मुझसे पूछेंगे कि मैं इस संसार की उत्पत्ति और मनुष्य की उत्पत्ति की व्याख्या कैसे करता हूँ? ठीक है, मैं आपको बताता हूँ। चार्ल्स डार्विन ने इस विषय पर कुछ प्रकाश डालने की कोशिश की है। उसका अध्ययन करें। सोहम स्वामी की 'कॉमन सेंस' पढ़ें। ऐसा करना कुछ हद तक आपके प्रश्न का उत्तर देगा। यह प्रकृति का चक्र

है। विभिन्न पदार्थों के आकस्मिक मिश्रण ने न्येबुला के आकार में इस पृथ्वी का उत्पादन किया। कब ? इतिहास पढ़ें। इसी प्रक्रिया ने जानवरों का उत्पादन किया और लंबे समय में आदमी का। डार्विन की 'प्रजातियों की उत्पत्ति' पढ़ें। और बाद की सभी प्रगति प्रकृति के साथ मनुष्य के निरंतर संघर्ष और इसका जरूरत से ज्यादा दोहन करने के उसके प्रयासों के कारण है। यह इस घटना का सबसे संक्षिप्त संभव स्पष्टीकरण है।

आपका अन्य तर्क सिर्फ यह पूछना हो सकता है कि अगर पिछले जन्म में किए गए अपने कर्मों के कारण नहीं तो क्यों एक बच्चा अंधा पैदा होता है या लंगड़ा होता है ? इस समस्या को जीव-विज्ञानियों ने काफी समय पहले जैविक घटना के रूप में बताया है। उनके अनुसार, पूरा बोझ माता-पिता के कंधों पर टिका है, जो अपने कर्मों के प्रति सचेत या अनभिज्ञ हो सकते हैं, जिसके कारण बच्चे में जन्म से पहले ही विकृति उत्पन्न हो जाती है।

स्वाभाविक रूप से, आप एक और प्रश्न पूछ सकते हैं, हालाँकि यह काफी बचकाना है। यदि कोई ईश्वर मौजूद नहीं था तो लोगों को उस पर विश्वास कैसे हुआ ? मेरा उत्तर स्पष्ट और संक्षिप्त है। जैसाकि भूत और बुरी आत्माओं में वे विश्वास करने लगें; एकमात्र अंतर यह है कि भगवान् में विश्वास लगभग सार्वभौमिक है और इस पर ज्ञान अच्छी तरह से विकसित हुआ है। कुछ कट्टरपंथियों के विपरीत, मैं इसकी उत्पत्ति को उन शोषकों का चातुर्य नहीं कहूँगा, जो एक सर्वोच्च शक्ति के अस्तित्व का उपदेश देकर लोगों को अपनी अधीनता में रखना चाहते थे और फिर अपने विशेषाधिकार वाले पदों को उसके द्वारा सौंपे जाने का दावा करते हैं तथा उससे मंजूरी लेते हैं। हालाँकि इस आवश्यक बिंदु पर मैं उनसे अलग नहीं हूँ कि सभी धर्म, आस्था, पंथ और ऐसे अन्य संस्थान, अत्याचारी और शोषणकारी संस्थानों, पुरुषों और वर्गों के मात्र

समर्थक बन गए हैं। राजा के खिलाफ विद्रोह हमेशा हर धर्म के अनुसार एक पाप है।

जैसाकि ईश्वर की उत्पत्ति का संबंध है, मेरा अपना विचार यह है कि मनुष्य की सीमाओं, उसकी कमजोरियों और कमियों को महसूस करके इस पर ध्यान दिया गया और ईश्वर को एक काल्पनिक अस्तित्व में लाया गया, ताकि मनुष्य को साहसपूर्वक सभी परिस्थितियों का सामना करने के लिए सभी खतरों से जूझने के लिए प्रोत्साहित किया जा सके और वह संपन्नता व समृद्धि में अपने व्यवहार को जाँच सके और संयम रख सके। भगवान् की उनके निजी कानूनों और माता-पिता की उदारता के साथ कल्पना की गई और उनका बढ़-चढ़कर विवरण चित्रित किया गया। जब उनके रोष और निजी कानूनों पर चर्चा की गई, तो वह एक निवारक कारक के रूप में पेश किए गए, ताकि आदमी समाज के लिए खतरा न बन जाए। जब उसकी अभिभावक की योग्यता को समझाया जाना था तो उसे पिता, माता, बहन और भाई, मित्र और सहायकों के रूप में कार्य करना था, ताकि जब मनुष्य बड़े संकट में हो और सभी दोस्तों द्वारा धोखा खाया हो तो वह इस विचार में सांत्वना पा सके कि अभी भी उसका एक सच्चा दोस्त यहाँ है, जो उसकी मदद करने के लिए, उसका समर्थन करने के लिए तैयार है, वह सर्वशक्तिमान है और कुछ भी कर सकता है! वास्तव में, आदिम युग में समाज के लिए यह उपयोगी था।

ईश्वर का विचार मनुष्य के लिए संकट में मददगार है।

समाज को इस मान्यता के साथ-साथ मूर्ति-पूजा और धर्म की संकीर्ण अवधारणा के खिलाफ लड़ना होगा। इसी तरह, जब मनुष्य अपने पैरों पर खड़े होने और यथार्थवादी बनने की कोशिश करता है तो उसे धर्म को एक तरफ रखना होगा और सभी संकटों, मुसीबतों, जिस भी परिस्थिति में वह हो, उसका सामना डटकर करना होगा। यही वास्तव

में मेरी स्थिति है। मेरे दोस्त, यह मेरा घमंड नहीं है। यह मेरे सोचने का तरीका है, जिसने मुझे नास्तिक बना दिया है। मुझे नहीं पता कि मेरे मामले में ईश्वर में विश्वास और दैनिक प्रार्थनाएँ, जिसे मैं इनसान की ओर से सबसे स्वार्थी और अपमानजनक कार्य मानता हूँ, ये प्रार्थनाएँ मददगार साबित होंगी या वे मेरे मामले को और भी बदतर बना देंगी? मैंने नास्तिकों को सभी मुसीबतों का सामना करते हुए काफी साहस के साथ पढ़ा है और इसलिए मैं भी एक आदमी की तरह खड़े होने की कोशिश कर रहा हूँ, जो आखिरी दम तक फाँसी पर भी सिर उठाकर खड़ा रहेगा।

आइए, देखें कि मैं कैसे आगे बढ़ता हूँ—एक मित्र ने मुझे प्रार्थना करने के लिए कहा। जब उसे मेरी नास्तिकता के बारे में बताया गया तो उन्होंने कहा, 'अपने अंतिम दिनों में, आप विश्वास करना शुरू कर देंगे।' मैंने कहा, 'नहीं महोदय, ऐसा नहीं होगा।' मैं इसे अपनी ओर से गिरा हुआ और मनोबल गिरानेवाला समझूँगा। स्वार्थी उद्‌देश्यों के लिए मैं प्रार्थना नहीं करूँगा। पाठको और दोस्तो, 'क्या यह घमंड है?' अगर ऐसा है तो मैं इसके समर्थन में खड़ा हूँ।

□

# पंजाबी भाषा और लिपियों की समस्या

'पंजाब हिंदी साहित्य सम्मेलन' ने 1923 में 'पंजाबी भाषा और लिपि की समस्या' पर एक निबंध प्रतियोगिता का आयोजन किया था। यह लेख भगत सिंह ने उस प्रतियोगिता के लिए लिखा था। साहित्य सम्मेलन के महासचिव, श्री भीमसेन विद्यालंकार को लेख बहुत पसंद आया और उन्होंने इसे संरक्षित कर लिया। भगत सिंह को इस लेख के लिए 50 रुपए का पुरस्कार मिला। इसके बाद, यह 28 फरवरी, 1933 को 'हिंदी संदेश' में प्रकाशित हुआ—

"किसी समाज या देश के साहित्य से परिचय रखनेवाला व्यक्ति उस समाज या देश को समझने में प्रमुख महत्त्व रखता है, क्योंकि किसी समाज या देश की आत्मा की चेतना, उसके साहित्य में भी परिलक्षित होती है।" इतिहास उपरोक्त कथन की प्रामाणिकता का गवाह है। कई देशों ने अपने

साहित्य के द्वारा निर्धारित दिशा का पालन किया है। प्रत्येक राष्ट्र को अपने उत्थान के लिए उच्च कोटि का साहित्य चाहिए। जैसे-जैसे किसी देश का साहित्य नई ऊँचाइयों को प्राप्त करता है, वैसे-वैसे देश का विकास भी होता है। देशभक्त (फिर चाहे वे केवल समाज-सुधारक या राजनीतिक नेता हों) अपने देश के साहित्य पर सबसे ज्यादा ध्यान देते हैं। यदि वे समकालीन मुद्दों और परिस्थितियों की आवश्यकताओं को पूरा करने के लिए नए साहित्य का निर्माण नहीं करते हैं तो उनके सभी प्रयास विफल हो जाएँगे और उनका काम अस्थिर साबित होगा।

शायद गैरीबाल्डी इतनी आसानी से सेना को जुटाने में सफल नहीं हो सकते थे, यदि मैजिनी ने अपने तीस साल अपने सांस्कृतिक और साहित्यिक पुनर्जागरण को समझने में निवेश नहीं किए होते। आयरलैंड में पुनर्जागरण के साथ आयरिश भाषा के पुनरुद्धार का भी उसी उत्साह के साथ प्रयास किया गया था। शासक आयरिश लोगों के अंतिम दमन के रूप में उनकी भाषा को इतना दबा देना चाहते थे कि बच्चों को गेलिक

में कुछ छंद रखने के अपराध के लिए भी दंडित किया गया था। फ्रांस की क्रांति रूसो और वोल्टेयर के साहित्य के बिना असंभव थी। यदि टॉलस्टॉय, कार्ल मार्क्स और मैक्सिम गोर्की ने अपने जीवन के कई साल नए साहित्य के निर्माण में निवेश नहीं किए होते, तो अकेले कम्युनिज्म के प्रचार और अभ्यास को छोड़ दें तो रूसी क्रांति नहीं हुई होती।

यही बात सामाजिक और धार्मिक सुधारकों पर भी लागू होती है। उनके साहित्य के कारण कबीर के विचारों का एक स्थिर प्रभाव है। आज तक उनकी कविताओं की मिठास और संवेदनशीलता लोगों को लुभा रही है।

ठीक वैसा ही गुरु नानक देवजी के बारे में कहा जा सकता है, जब सिख गुरुओं ने अपने मत के प्रचार के साथ-साथ अपने नए आदेश की स्थापना शुरू की, तो उन्हें एक नए साहित्य की आवश्यकता महसूस हुई और इससे गुरु अंगद देवजी को गुरुमुखी लिपि को विकसित करने की प्रेरणा मिली। निरंतर युद्ध और मुसलिम आक्रमणों के कारण पंजाब का साहित्य समाप्त हो गया था। हिंदी भाषा विलुप्त होने के कगार पर थी। उन्होंने भारतीय भाषा के लिए अपनी खोज में कश्मीरी लिपि को अपनाया। बाद में 'आदिग्रंथ' को गुरु अर्जुन देवजी और भाई गुरुदासजी के द्वारा संकलित किया गया। उन्होंने अपने पंथ को बनाए रखने के लिए अपनी लिपि और साहित्य बनाने के इस कृत्य में एक दूरगामी और उपयोगी कदम उठाया।

बाद में, जैसे-जैसे परिस्थितियाँ बदलीं, साहित्य का प्रवाह भी बदलता गया। गुरुओं के त्याग और कष्टों ने स्थिति बदल दी। जबकि हमें पहले गुरु के उपदेश में भक्ति और आत्म-विस्मृति मिली और बाद में हम निम्नलिखित दोहे में आत्म-संस्कार की भावना का अनुभव करते हैं—

*नानक नन्हे हो रहे, जायसी नन्ही दूब।*
*और घास जरी जात है, दूब खूब की खूब॥*

(नानक सभी को दूब घास के रूप में विनम्र और तुच्छ होने के लिए कहते हैं। जबकि अन्य सभी घास को जला दिया जाता है, दूब तब भी फलती रहती है।)

हम गुरु श्री तेग बहादुरजी के उपदेशों में शोषितों के लिए साथी-भावना और मदद की भावना को पाते हैं—

*बान्हि जिन्हाँ दि पकड़िए, सिर दीजिए बान्हि न छोड़िए,*
*गुरु तेग बहादुर बोल्या, धरती पे धरम न छोड़िए।*

(जिस किसी को भी आप सुरक्षा प्रदान करते हैं, आपको खुद को बलिदान करने के लिए तैयार होना चाहिए, लेकिन उस सुरक्षा को नहीं। गुरु तेग बहादुर आपको इस धरती पर अपने धर्म का त्याग नहीं करने के लिए कहते हैं।)

उनके बलिदान के बाद, अचानक हम गुरु गोबिंद सिंहजी के उपदेश में एक योद्धा की भावना महसूस करने लगे। जब उन्होंने महसूस किया कि मात्र आध्यात्मिक भक्ति कुछ नहीं कर सकती है तो उन्होंने चंडी पूजा शुरू की और आध्यात्मिकता और लड़ाई का संश्लेषण करके सिख समुदाय को उपासकों और योद्धाओं के समुदाय में बदल दिया। हम उनकी कविताओं (साहित्य) में एक नया जज्बा पाते हैं। वह लिखते हैं—

*जे तोहि प्रेम खेलन दा चाव, सिर धर तली गली मोरी आव।*
*जे इत मारग पैर धरिजै, सिर दीजै कान न दीजै।*

(यदि आप प्यार का खेल खेलने में रुचि रखते हैं तो अपना सिर

अपनी हथेली पर रखें और तभी मेरी गली में प्रवेश करें। यदि आप इस रास्ते पर अपने पैर रखते हैं तो आप पीछे नहीं हट सकते हैं, भले ही इसके लिए आपको अपना जीवन न्योछावर करना पड़े। और तब—

*सूरा सो पहचानिए, जे लदे दीन के हेत,*
*पुरजा-पुरजा कट मरे, कबहुँ न छाड़े खेत।*

(केवल वह बहादुर है, जो गरीबों के भले के लिए लड़ता है। उसे टुकड़ों में काट दिया जा सकता है और उसे मार दिया जा सकता है, लेकिन उसे मैदान नहीं छोड़ना चाहिए।)

और फिर अचानक तलवार-पूजा शुरू हो जाती है।

उसी भावना को आगे बढ़ाते हुए बाबा बंदा और अन्य लोगों ने मुसलिम शासकों से निर्विवाद रूप से संघर्ष किया। हमें बाद में पता चलता है कि जब सिखों को अराजकतावादियों के समूहों तक सीमित किया गया, भगोड़े घोषित किया गया और लगातार जंगलों तक सीमित रखने के लिए मजबूर किया गया, तो कोई नया साहित्य नहीं बनाया जा सकता था। उनमें एक योद्धा की भावना, साहस और बलिदान की भावना और मुसलिम शासकों के खिलाफ युद्ध जारी रखने की भावना थी, लेकिन वे इससे आगे अपना भविष्य नहीं सँवार सकते थे। यह बताता है कि ये योद्धा समूह आपस में क्यों लड़े थे? यहाँ यह बताया गया है कि उनकी समकालीन भावना की कमी हमारी चिंता का विषय थी। यदि रणजीत सिंह जैसा योद्धा और चतुर शासक बाद में उभरा नहीं होता, तो सिख किसी भी उच्च आदर्श या पंथ में विलीन हो जाते।

इन सबके साथ, एक और बात ध्यान देने योग्य है। सारे संस्कृत साहित्य को एक साथ रख भी दें, तो भी यह हिंदू समाज को पुनर्जीवित करने में विफल रहेगा; नए साहित्य को समकालीन आधुनिक भाषा में

लिखना आवश्यक है। आज भी हम केवल उस प्रभाव को महसूस करते हैं, जो समकालीन भावना के उस साहित्य द्वारा बनाया गया था। यहाँ तक कि उचित शिक्षा और समझ के व्यक्ति के लिए कठिन संस्कृत और शास्त्रीय अरबी की आयतें (छंद) उतनी उत्साहपूर्ण नहीं हो सकती हैं, जितनी सरल भाषा में सरल कथनों द्वारा संभव है।

पंजाबी भाषा और साहित्य का एक छोटा इतिहास ऊपर दरशाया गया है। अब हम अपने समय की ओर मुड़ते हैं। बंगाल में स्वामी विवेकानंद और पंजाब में स्वामी रामतीर्थ लगभग एक ही समय में पैदा हुए थे। दोनों एक समान 'महान्' थे। दोनों को विदेशों में भारतीय तत्त्वमीमांसा स्थापित करने के लिए प्रसिद्धि मिली। स्वामी विवेकानंद का मिशन बंगाल में एक स्थायी संस्थान बन गया, जबकि पंजाब में स्वामी रामतीर्थ के स्मारक की कमी महसूस की जाती है। उनकी सोच में अच्छा-खासा अंतर होने के बावजूद, हम उनके मूल में मजबूत समानताएँ पाते हैं। एक ओर जहाँ स्वामी विवेकानंद कर्म योग का प्रचार कर रहे थे, वहीं दूसरी ओर स्वामी रामतीर्थ आनंद में गा रहे थे—

*हम रूखे टुकड़े खाएँगे,*
*भारत पर वारे जाएँगे।*
*हम सूखे चने चबाएँगे,*
*भारत की बात बनाएँगे।*
*हम नंगे उमर बिताएँगे,*
*भारत पर जान मिटाएँगे।*

(हम रूखी-सूखी खाकर जीवन बिताएँगे, लेकिन भारत के लिए खुद को बलिदान करेंगे। हम बेहद साधारण भोजन खाएँगे, लेकिन अपने देश के लिए काम करेंगे। हम पूरी जिंदगी नग्न रहेंगे, लेकिन भारत के लिए अपना जीवन अर्पित करेंगे।)

अमेरिका में डूबते सूरज को देखकर कई बार वह रोए और कहा, "अब तुम मेरे प्यारे देश में उग रहे हो। भारत के खूबसूरत पानी से भरे मैदानों पर ओस की बूँदों की तरह मेरे आँसू गिराओ।" देश के इतने बड़े भक्त और भगवान् हमारे प्रांत में पैदा हुए थे और अगर हमारे पास उनका एक भी स्मारक नहीं है, तो हमारे साहित्यिक पिछड़ेपन को छोड़कर और क्या समझा जा सकता है ?

यह हम हर कदम पर महसूस करते हैं। पंजाब में जनमे कई महापुरुष श्री देवेंद्र ठाकुर और बंगाल के केशव चंद्र सेन के समकक्ष हैं, लेकिन हम उनका सम्मान नहीं करते और उनकी मृत्यु के बाद उन्हें आसानी से भूल गए। उदाहरण के लिए, गुरु ज्ञान सिंहजी, आदि। हम इसके मूल में केवल एक ही कारण पाते हैं और वह है—साक्षरता के प्रति रुचि और जागृति की पूर्ण कमी का होना। सच्चाई यह है कि कोई भी देश या समुदाय अपने साहित्य के बिना प्रगति नहीं कर सकता है। लेकिन भाषा साहित्य की प्राथमिक जरूरत है और पंजाब में यह अनुपस्थित है।

इस बाधा को लंबे समय तक महसूस करने के बावजूद, भाषा का सवाल अभी भी अनसुलझा है।

इसके पीछे मुख्य कारण हमारे प्रांत में भाषा का दुर्भाग्यपूर्ण संप्रदायीकरण है; अन्य प्रांतों में हम पाते हैं कि मुसलमानों ने पूरी तरह से अपनी प्रांतीय भाषाओं को अपनाया है। बंगाल की साहित्यिक दुनिया में, काजी नजरुल इसलाम एक चमकता सितारा हैं। लतीफ हुसैन 'नटवर' हिंदी कवियों में प्रमुख हैं। यही हाल गुजरात का भी है। लेकिन पंजाब दुर्भाग्यपूर्ण है। यहाँ मुसलमानों को अलग कर दें तो हिंदू और सिख भी एकजुट नहीं हैं।

अन्य प्रांतों की तरह पंजाब की भाषा पंजाबी होनी चाहिए थी, लेकिन चूँकि ऐसा नहीं हुआ है, क्योंकि यह प्रश्न एक सहज प्रश्न है, मुसलमानों ने उर्दू को अपनाया है। मुसलमानों में भारतीयता का पूरी तरह से अभाव है, इसलिए वे अरबी लिपि और फारसी भाषा का प्रचार करना चाहते हैं। पूरे भारत में भारतीयता के महत्त्व को समझने में विफल रहने पर वे एक भाषा, जोकि केवल हिंदी हो सकती है, उसके महत्त्व को समझने में भी विफल रहे। यही कारण है कि वे तोते की तरह उर्दू की माँग को दोहराते रहे और अलग-थलग पड़ गए।

फिर सिखों की बारी आती है। इनका पूरा साहित्य गुरुमुखी लिपि में है। एक घटक के रूप में हिंदी उसमें है, लेकिन पंजाबी मुख्य घटक है, इसलिए सिखों ने गुरुमुखी में लिखी पंजाबी को अपनी भाषा के रूप में अपनाया। वे किसी भी कीमत पर उसे छोड़ नहीं सकते थे। उन्होंने इसे भले ही एक सांप्रदायिक भाषा बनाकर गले लगा लिया।

दूसरी तरफ आर्यसमाज का उदय हुआ। स्वामी दयानंद ने पूरे भारतवर्ष में हिंदी के प्रसार की भावना का प्रचार किया। हिंदी आर्यसमाज आंदोलन का एक धार्मिक घटक बन गई। इन धार्मिक जुड़ावों से भाषा

को एक तरह से फायदा हुआ। एक ओर जहाँ सिख कट्टरपंथियों ने पंजाबी को सुरक्षित किया, वहीं आर्यसमाजियों के आग्रह ने हिंदी को अपने स्थान पर सुरक्षित करने में मदद की।

आर्यसमाज आंदोलन के शुरुआती दिनों में सिख और आर्यसमाजियों की एक ही स्थान पर धार्मिक सभा हुआ करती थी। उस समय तक उनके अंदर अलग होने की कोई भावना नहीं थी, लेकिन बाद में 'सत्यार्थ प्रकाश' के कुछ वाक्यों ने द्वेष और आपसी नफरत पैदा कर दी। सिख एक ही धारा में बह गए, यहाँ तक कि वे हिंदी से भी नफरत करने लगे। औरों ने इस पर ध्यान भी नहीं दिया।

बाद में, कहा जाता है कि एक समाजी नेता, महात्मा हंसराजजी ने कई नेताओं के साथ विचार-विमर्श किया और प्रस्तावित किया कि यदि वे हिंदी लिपि को स्वीकार करते हैं तो उन्हें पंजाबी भाषा हिंदी लिपि में मिल जाएगी और वे विश्वविद्यालय में भी पंजाबी भाषा को हिंदी लिपि में स्वीकृति प्रदान कराएँगे। लेकिन वे अपनी संकीर्णता और साहित्यिक जागरूकता के अभाव के कारण इस प्रस्ताव के महत्त्व को नहीं समझ सके। इस समय पंजाब में तीन विचार प्रबल हैं—सबसे पहले, मुसलमानों में उर्दू के प्रति; दूसरा, आर्यसमाजियों और कुछ अन्य हिंदुओं के बीच हिंदी के लिए; और तीसरा, पंजाबी के लिए गहरा लगाव है।

एक-एक करके सभी भाषाओं के बारे में बात करना यहाँ महत्त्वपूर्ण नहीं है। सबसे पहले हम मुसलमानों के विचार पर ध्यान देंगे। वे उर्दू के कट्टर समर्थक हैं। वर्तमान समय में यह भाषा पंजाब में सबसे अधिक बोली जाती है। यह न्यायालय की भाषा भी है। फिर कुछ मुसलमानों का कहना है कि उर्दू लिपियाँ जगह बचाती हैं। यह काफी हद तक सही हो सकता है, लेकिन इस मोड़ पर हमारे सामने सबसे महत्त्वपूर्ण सवाल है—भारत को एक एकीकृत राष्ट्र बनाना है, लेकिन यह सब एक साथ

नहीं किया जा सकता है। इसके लिए हमें कदम-दर-कदम आगे बढ़ना होगा। यदि हम इस समय पूरे भारत के लिए एक भाषा नहीं अपना सकते हैं तो हमें कम-से-कम एक लिपि को अपनाना चाहिए। उर्दू लिपि को संपूर्ण नहीं कहा जा सकता है और सबसे महत्त्वपूर्ण बात यह है कि यह फारसी भाषा पर आधारित है। उर्दू कवियों की कल्पना की उड़ानें—भले ही वे हिंदी (भारतीय भाषा में) हों, पर्सिया के साकी (बार-मेड) और अरब देशों की खजूरों तक पहुँच जाती हैं। काजी नजरुल इसलाम की कविताओं में धूर्जेट, विश्वामित्र और दुर्वासा का उल्लेख अकसर हुआ है, लेकिन हमारे पंजाबी हिंदी-उर्दू कवि उनके बारे में सोच भी नहीं सकते थे। क्या यह ऐसा मामला नहीं है, जो किसी को दु:खी कर सकता है? उनकी भारतीयता और भारतीय साहित्य की अज्ञानता इसका मुख्य कारण है। जब वे भारतीयता को आत्मसात् नहीं कर सकते, तो उनका साहित्य हमें भारतीय कैसे बना सकता है? उर्दू के अध्ययन तक ही सीमित रहनेवाले छात्र भारत के शास्त्रीय साहित्य के ज्ञान को प्राप्त नहीं कर सकते हैं। ऐसा नहीं है कि इन ग्रंथों का उर्दू जैसी साहित्यिक भाषा में अनुवाद नहीं किया जा सकता है, लेकिन यह केवल एक फारसी के लिए उपयोगी होगा, जो भारतीय साहित्य की खोज में है।

उपरोक्त कथन के समर्थन में यह कहना पर्याप्त होगा कि जब आर्य और स्वराज्य जैसे सरल शब्दों को 'आरिया' और 'स्वराजिया' लिखा जाता है तो गहरे आध्यात्मिक विषयों का क्या होगा? कुछ दिन पहले ही एक सरकारी अनुवादक ने उर्दू लिपि का प्रयोग करते हुए ऋषि नचिकेता को 'नीची कुतिया' कहा, जिसका अनुवाद 'नीच जाति की कुतिया' के रूप में किया जा सकता है, जबकि एम.ए. किए लाला हरदयालजी द्वारा एक उर्दू किताब 'कौमें किस तरह जिंदा रहती हैं' का हिंदी अनुवाद—'कैसे राष्ट्रीयता बच सकती है' किया गया, यह न तो लालाजी की गलती

थी और न ही अनुवादक की। यह केवल उर्दू लिपि की कमी और उर्दू तथा हिंदी भाषाओं और साहित्य के बीच की असहमति थी।

शेष भारत में भारतीय भाषाएँ और लिपि प्रचलित हैं। ऐसी स्थिति में, क्या हमें भारत से बिल्कुल अलग-थलग पड़ जाना चाहिए? असल बात यह है कि मुसलिम लेखकों में, उर्दू के कट्टर समर्थक अत्यधिक फारसी उर्दू लिखते हैं। 'जमींदार' और 'सियासत' जैसे मुसलिम अखबारों में अरबी प्रभाव काफी मजबूत है, जो आम लोगों के लिए समझना काफी मुश्किल है। ऐसी स्थिति में इसे कैसे प्रचारित किया जा सकता है? हम कामना करते हैं कि हमारे मुसलिम भाई, अपने धर्म से जुड़े रहते हुए कमाल तुर्क की तरह खुद को भारतीय बनाने की सोचें। भारत का उद्धार केवल तभी संभव है। भाषा को सांप्रदायिक प्रश्न बनाने के बजाय हमें एक व्यापक परिप्रेक्ष्य अपनाना चाहिए।

अब हम वापस हिंदी और पंजाबी की समस्या पर लौटेंगे। कई आदर्शवादी दुनिया के एक एकल राष्ट्र, एक वैश्विक राष्ट्र में बदल जाने की बात का हवाला देते हैं। यह विचार सुंदर है और हर किसी को इसे अपने स्वार्थ से पहले रखना चाहिए। लेकिन यह आज हासिल नहीं किया जा सकता है; हमारे सभी कदम, हमारे सभी प्रयासों को सभी राष्ट्रीयताओं, देशों और राष्ट्रों को एक मजबूत बंधन में एकजुट करके खुशी बढ़ाने के लिए निर्देशित किया जाना चाहिए। इससे पहले, हमें उस आदर्श को अपने देश में महसूस करना होगा। हमें एक भाषा, एक लिपि, एक साहित्य, एक आदर्श और एक राष्ट्र को अपनाना होगा, लेकिन एक ही भाषा को अपनाना, वह बात उन सभी से आगे रखी जानी चाहिए, ताकि हम एक-दूसरे के साथ संवाद कर सकें और एक-दसरे से सहमत हो सकें। एक पंजाबी और एक मद्रासी किसी सभा में एक-दूसरे के साथ चुपचाप न बैठें, बल्कि अपने विचारों तथा भावनाओं को संप्रेषित करने

का प्रयास करें और यह हमारी अपनी भाषा हिंदी में होना चाहिए, बजाय अंग्रेजी जैसी विदेशी भाषा में। यहाँ तक कि इस आदर्श को साकार होने में कई साल लगेंगे। सबसे पहले, हमें इस प्रयास में साहित्यिक जागरूकता पैदा करनी चाहिए, न सिर्फ कुछ लोगों के, बल्कि जनसाधारण के बीच। लोगों में साहित्यिक जागरूकता पैदा करने के लिए लोगों की अपनी भाषा का होना आवश्यक है। इस तर्क के आधार पर हम कहते हैं कि आप पंजाब में केवल पंजाबी भाषा में ही सफल हो सकते हैं।

अब तक पंजाबी भाषा मध्य पंजाब की साहित्यिक भाषा नहीं बन पाई है। यह गुरुमुखी लिपि में लिखी गई है और अब पंजाबी के रूप में जानी जाती है। यह न तो व्यापक रूप से प्रचलित है और न ही इसका कोई साहित्य या वैज्ञानिक महत्त्व है। इस पर पहले ध्यान नहीं दिया गया था, लेकिन अब भी इसकी लिपि की कमी उन लोगों को परेशान करती है, जो अब इसमें भाग ले रहे हैं। सभी शब्द, ध्वनि 'ए' के बिना समाप्त नहीं हो सकते हैं और यौगिक अक्षर लिखने में इसकी असमर्थता; यहाँ तक कि 'पूर्ण' (पूरा) शब्द भी नहीं लिखा जा सकता है। यह लिपि इस प्रकार उर्दू की तुलना में और भी अधूरी है, लेकिन जब हमारे पास पहले से ही एक वैज्ञानिक और परिपूर्ण हिंदी लिपि है तो उसे अपनाने में कैसी हिचकिचाहट महसूस करना? गुरुमुखी लिपि हिंदी लिपि का ही विकृत रूप है। प्रारंभ से ही सभी नियम समान हैं, फिर इसे तत्काल अपनाने से हमें कितना लाभ होगा? इस संपूर्ण लिपि को अपनाने से पंजाबी भाषा तुरंत विकसित होने लगेगी और इसके प्रसार में कोई समस्या नहीं आएगी। पंजाब की हिंदू महिलाएँ इस लिपि को पहले से जानती हैं। डी.ए.वी. स्कूल और सनातन धर्म स्कूल केवल हिंदी में पढ़ाते हैं, ऐसी स्थिति में क्या समस्या हो सकती है? हम हिंदी के समर्थकों से निवेदन करेंगे कि अंतत: और निश्चित रूप से केवल हिंदी ही संपूर्ण भारत की

भाषा होगी, लेकिन इसे अभी से प्रचारित करना अधिक सुविधाजनक होगा। लिपि को अपनाने से पंजाबी भी हिंदी की तरह हो जाएगी और फिर सभी मतभेद दूर हो जाएँगे; और यह वांछनीय भी है, क्योंकि इससे आम लोगों को भी शिक्षित किया जा सकता है, जो केवल हमारी अपनी भाषा में, हमारी लिपि में संभव है। इस पंजाबी कविता को देखें—

*ओ रहिया रहे जंद्या, सुन जा गल मेरी*
*सिर तो पग तेरी बेलेत दी, इहूं फुक मुअतर ला।*

(हे राहगीर, मेरी बात सुनो। उस विदेशी पगड़ी को जला दो, जिसे तू अपने सिर पर पहने हुए है और 'खटिया' पर ले जा।)

यहाँ तक कि सुंदर हिंदी कविताएँ भी इसकी तुलना में प्रभावित नहीं कर सकती हैं, क्योंकि उन्होंने अभी तक लोगों के दिलों में जगह नहीं बनाई है। वे अब भी कुछ हद तक पराई लगती हैं। ऐसा इसलिए है, क्योंकि हिंदी संस्कृत पर आधारित है और पंजाब उससे बहुत दूर चला गया है। फारसी ने पंजाब में काफी हद तक अपना दबदबा कायम रखा है। उदाहरण के लिए, चीजों के संग्रह 'चीजें' के बजाय यहाँ 'चीजां' बन जाता है। यह सिद्धांत हर जगह मजबूत है। यहाँ इस बात पर जोर दिया जा रहा है कि पंजाबी के करीब होने के बावजूद हिंदी अभी भी पंजाबी दिल से दूर है; निश्चित रूप से, पंजाबी हिंदी के करीब आएगी, जब वह हिंदी लिपि में अपना साहित्य बनाने के लिए प्रयासरत होगी।

अब तक लगभग हर प्रमुख मुद्दे पर यहाँ चर्चा की गई है। केवल एक बात अब कही जानी बाकी है। कई लोग तर्क देते हैं कि पंजाबी भाषा में मिठास, सुंदरता और भावनाओं की कमी है। यह बिल्कुल निराधार है। हाल ही में इस गीत की मिठास, सुंदरता और भावनाओं ने कवींद्र रवींद्र को सम्मोहित किया—

*लच्छिये, जित्थे तू पानि डोलिया,*
*उत्थे उग पाए संदल दे बूटे।*

(हे लछी, जहाँ तुमने पानी छलकाया है, उस स्थान पर चंदन के पेड़ उग आए हैं।)

कई और उदाहरणों का हवाला दिया जा सकता है। क्या निम्नलिखित दोहे भी किसी अन्य भाषा की कविताओं से कम समझे जा सकते हैं?

*पिपल दे पत्त्या वेकही खड़्खड़ लेइ ऐ,*
*पत्ते झड़े पुराने हुन रुत नवयन दी आए ऐ।*

(पीपल के पत्ते, तुम शोर क्यों कर रहे हो? पुराने पत्ते गिर गए हैं और नई पत्तियों का मौसम आ गया है।)

और जब पंजाबी अकेला या समूह में बैठा हो तो क्या कोई अन्य भाषा उन्हें गौहर की इन पंक्तियों तक प्रभावित कर सकती है—

*लम लखन तो करोरन दे शाह वेखे*
*ना मुसाफिरन कोई उधार देंदे,*
*दिने रातिन दे कुछ डेरे,*
*ना उन्हाँ गुलां दि वसना ते*
*भौरें बहांदे गुलन दी वसना ते*
*ना सपन दे मुहान ते कोई प्यार देंदा,*
*गौहर समे सलूक हैं, जुयाद्या दे*
*मोयन गियान उन तर कोइ विसर देंदा।*

(मैंने लाखों करोड़पतियों की सेनाएँ देखी हैं। कोई भी राहगीरों को ऋण नहीं देता है, क्योंकि वे कभी नहीं रुकते हैं, कभी भी एक स्थान पर नहीं रहते हैं। कोई भी उन पर भरोसा नहीं करता है। काले रंग के

भौरें फूलों पर उनकी गंध के कारण बैठते हैं। कोई भी व्यक्ति साँपों के झुंड को प्यार नहीं देता है। हे गौहर, अच्छा व्यवहार और स्वागत उन लोगों के लिए है, जो जीवित हैं, लेकिन हर कोई मृत्यु के समय अलविदा कहता है।)

*जीव ज्यूडियाँ नूँ क्यों मरना ऐ*
*जेकर नहितु मोयं न जियूं जोगा,*
*घर आयें सवाली नू क्यो घुरना ऐ*
*जेकर नहिं तू हथिन खैर जोगा'*
*मिले दिलं नैं काय करे तोड़ना ऐ*
*मिले दिलां तू बिछड़याँ नु मिलौन जोगा,*
*गौहर बरहिया रख बँध खाने*
*जेकर नहिं तू नेकियाँ कुमाऊँ जोगा।*

(जब आप मृतकों को जीवन में वापस लाने में सक्षम नहीं हैं तो जीवित प्राणियों को क्यों मार दे रहे हो ? आप उस भिखारी को क्यों घूरते हैं जो आपके दरवाजे पर आया है, जब आप उसे कुछ देने में सक्षम नहीं हैं ? आप दिलों के मिलन को क्यों तोड़ते हैं, जब आप अलग हो चुके दिलों को फिर से जोड़ने में सक्षम नहीं ? हे गौहर, अगर आप दूसरों का भला नहीं कर सकते हैं तो अपने अच्छे भोजन और कमरे को बंद रखें।)

और आजकल के दार, मस्ताना, दीवाना जैसे शानदार कवि पंजाबी कविता को समृद्ध कर रहे हैं।

अफसोस है कि इतनी मधुर, इतनी मोहक भाषा को खुद पंजाबियों ने भी नहीं अपनाया! वे अभी भी इनकार करते हैं; और यही समस्या की जड़ है। हर कोई धार्मिक आस्था के आधार पर अपने तर्क देता है। पंजाब की भाषा और लिपि से संबंधित एकमात्र समस्या इस रुकावट

को दूर करने की है, लेकिन उम्मीद सिक्खों के बीच बढ़ती साहित्यिक जागरूकता में निहित है। उम्मीद हिंदुओं से भी है। क्यों आपसी विचार-विमर्श से सभी समझदार लोग साथ नहीं आते हैं? किसी समाधान पर पहुँचने का यह एकमात्र तरीका है। इस प्रश्न पर विचार धार्मिक विचारों को त्यागकर किया जा सकता है। इसके अनुसार प्रयास किया जाना चाहिए और अमृतसर की प्रेम जैसी पत्रिका की पंजाबी भाषा को मान्यता दी जानी चाहिए। इस तरह समस्या का समाधान हो सकता है। इस अड़चन के खात्मे के बाद, पंजाब में इतना सुंदर और 'गुणवत्तापूर्ण' साहित्य होगा कि इसे भारत की अच्छी भाषाओं में भी गिना जाएगा। □

# होली के दिन फाँसी पर बब्बर अकालियों के खून के छींटे

1925-26 में भगत सिंह कानपुर में थे और गणेश शंकर विद्यार्थी के सान्निध्य में हिंदी साप्ताहिक 'प्रताप' में काम कर रहे थे। कानपुर में रहते हुए उन्होंने बब्बर अकाली आंदोलन के शहीदों के बारे में 'एक पंजाबी युवक' (ए पंजाबी यूथ) लेख लिखा। यह 15 मार्च, 1925 को 'प्रताप' में प्रकाशित हुआ था—

होली के दिन, 27 फरवरी, 1926, जब हम अपने आनंद के चरम पर थे, इस महान् प्रांत के एक कोने में एक भयानक घटना घट रही थी।

जब आप इसे सुनेंगे, तो आप भी काँप जाएँगे! तुम काँप जाओगे! उस दिन लाहौर सेंट्रल जेल में छह बहादुर बब्बर अकालियों को फाँसी दी गई थी—श्री किशन सिंहजी गदगज्जा, श्री संता सिंहजी, श्री दिलीप सिंहजी, श्री नंद सिंहजी, श्री करम सिंहजी और श्री धर्म सिंहजी, जो पिछले दो वर्षों से मुकदमे के प्रति बड़ी उदासीनता दिखा रहे थे, जो इस दिन के लिए उनकी प्रतीक्षा को दरशाता है। महीनों बाद जज ने अपना फैसला सुनाया। पाँच को फाँसी दी जाए, कइयों को आजीवन कारावास या निर्वासन और बहुत लंबे कारावास की सजा। आरोपी नायकों ने गर्जना की। यहाँ तक कि आसमान भी उनके विजयी नारों से गूँज उठा। तब एक अपील को प्राथमिकता दी गई थी। पाँच के बजाय अब छह को फाँसी की सजा दी गई। उसी दिन खबर आई कि एक दया याचिका भेजी गई है। पंजाब सचिव ने घोषणा की कि फाँसी टाल दी गई है। हम इंतजार कर रहे थे, लेकिन अचानक होली के दिन, हमने एक छोटे से दल को वीरों के शवों को दाह-संस्कार स्थल की ओर ले जाते हुए देखा। फिर अंतिम संस्कार चुपचाप पूरा किया गया।

शहर अभी भी जश्न मना रहा था। राहगीरों पर अभी भी रंग फेंका जा रहा था। क्या भयानक उदासीनता थी। अगर उन्हें गुमराह किया गया था, अगर वे उन्मादी थे तो उन्हें ऐसा होने दो। वे हर तरह से निडर देशभक्त थे। उन्होंने जो कुछ भी किया, इस बदकिस्मत देश के लिए किया। वे अन्याय नहीं सह सकते थे। वे गिरे हुए राष्ट्र का समर्थन नहीं कर सकते थे। गरीब लोगों पर अत्याचार उनके लिए असहनीय हो गया था। वे जनता के शोषण को बर्दाश्त नहीं कर सके, उन्होंने चुनौती दी और काररवाई में लग गए। वे जीवन से भरपूर थे। ओह! उनके समर्पित कामों का ऐसा भयानक असर! तुम सौभाग्यशाली हो! मृत्यु के बाद दोस्त और दुश्मन सभी एक जैसे होते हैं—यह पुरुषों का आदर्श है। भले ही उन्होंने

कुछ घृणित कार्य किया हो, लेकिन हमारे देश की वेदी पर उनका जीवन कुछ अलग है, जो बंगाल के बहादुर क्रांतिकारी जतिन मुखर्जी की मृत्यु पर शोक जताते हुए उनके साहस, देशभक्ति और प्रतिबद्धता की सराहना कर सकते हैं। लेकिन हम डरपोक हैं और मानवीय नीचता के कारण एक पल के लिए भी अपनी मौज-मस्ती और समारोह से दूर रहने का साहस नहीं कर पाए। कितना दिल तोड़नेवाला काम है! कितनी गरीब व्यवस्था है यह! उन्हें क्रूर नौकरशाहों के मानक द्वारा भी 'पर्याप्त' सजा दी गई थी। इस तरह एक भयानक त्रासदी का कार्य समाप्त हो गया, लेकिन परदा अभी भी नीचे नहीं गिरा है। नाटक में कुछ और भयानक दृश्य होंगे। कहानी काफी लंबी है, हमें इसके बारे में जानने के लिए थोड़ा पीछे मुड़कर देखना होगा।

'असहयोग आंदोलन' अपने चरम पर था। पंजाब भी पीछे नहीं रहा। सिख भी अपनी गहरी नींद से उठे और यह काफी जाग्रत् करनेवाला था। अकाली आंदोलन शुरू किया गया था। भारी संख्या में बलिदान दिए गए। खालसा मिडिल स्कूल, महलपुर (जिला होशियारपुर) के पूर्व शिक्षक मास्टर मोटा सिंह ने भाषण दिया। उनके खिलाफ एक वारंट जारी किया गया था, लेकिन ब्रिटिश सरकार की खातिरदारी का लाभ उन्हें नहीं मिला। वह जेलों को भरने के लिए गिरफ्तारी की पेशकश के खिलाफ था। उनके भाषण अभी भी जारी थे। कोट-फतुही गाँव में एक बड़ा 'दीवान' बुलाया गया था। पुलिस ने इस क्षेत्र को चारों तरफ से बंद कर दिया, फिर भी मास्टर मोटा सिंह ने अपना भाषण दिया। सभी श्रोता उठ खड़े हुए और अध्यक्ष के आदेश पर सभी अपने-अपने रास्ते चले गए। मास्टर रहस्यमय तरीके से भाग निकले। यह लुका-छिपी का खेल लंबे समय तक चलता रहा। सरकार उन्माद में थी। आखिरकार एक दोस्त गद्दार निकला और मास्टर साहब को डेढ़ साल बाद गिरफ्तार कर लिया

गया। यह उस भयानक नाटक का पहला दृश्य था।

'गुरु का बाग' आंदोलन शुरू किया गया था। निहत्थे नायकों पर हमला करने और उन्हें अधमरा करने के लिए किराए पर डाकू रखे गए थे। ऐसे में कोई भी इसे देखता या सुनता तो क्या वह उनकी मदद करता? यह हर जगह गिरफ्तारी और गिरफ्तारी का मामला था। सरदार किशन सिंहजी गदगज्जा के खिलाफ भी वारंट जारी किया गया था, लेकिन वह भी उसी श्रेणी के थे और गिरफ्तारी की पेशकश नहीं की। पुलिस ने अपनी ओर से हर प्रयास कर लिये, लेकिन वह हमेशा बच निकले। उनका अपना एक संगठन था। वह निहत्थे आंदोलनकारियों के खिलाफ हिंसा को सहन नहीं कर सकते थे। उन्हें इस शांतिपूर्ण आंदोलन के साथ हथियारों का उपयोग करने की आवश्यकता महसूस हुई।

एक ओर कुत्ते, सरकार के शिकारी कुत्ते, उसकी गंध पाने के लिए सुराग खोज रहे थे; वहीं दूसरी ओर, यह निर्णय लिया गया कि चाटुकारों (झोली चुक्का) का 'सुधार' किया जाएगा। सरदार किशन सिंहजी कहते थे कि हमें अपनी सुरक्षा के लिए खुद को सशस्त्र बनाए रखना चाहिए, लेकिन हमें इस समय कोई भी ठोस कदम नहीं उठाना चाहिए। अधिकतर लोग इसके खिलाफ थे। अंत में, यह निर्णय लिया गया कि उनमें से तीन को अपना नाम देना चाहिए, सारा दोष खुद पर लेना चाहिए और इन चाटुकारों को सुधारना शुरू करना चाहिए। सरदार करम सिंहजी, सरदार धन्ना सिंहजी और सरदार उदय सिंहजी ने कदम आगे बढ़ाए।

एक पल के लिए इसके औचित्य के सवाल को अलग रखें और जब उन्होंने शपथ ली, उस दृश्य की कल्पना करें—

> 'हम देश की सेवा में अपना सर्वस्व बलिदान कर देंगे। हम लड़ते हुए मरने की शपथ लेते हैं, लेकिन जेल नहीं जाएँगे।'

वह कितना सुंदर, पवित्र दृश्य रहा होगा, जब ये लोग, जिन्होंने

अपने परिवार के प्रति अपने मोह का त्याग कर दिया था, इस तरह की शपथ ले रहे थे! बलिदान का अंत कहाँ है ? साहस और निर्भयता की सीमा कहाँ है ? आदर्शवाद का चरम कहाँ होता है ?

श्याम चौरासी-होशियारपुर रेलवे ब्रांच लाइन पर एक स्टेशन के पास एक सूबेदार पहला शिकार बना। उसके बाद इन तीनों ने अपने नाम घोषित किए। सरकार ने उन्हें गिरफ्तार करने की पूरी कोशिश की, लेकिन असफल रही। रुड़की कलाँ के पास सरदार किशन सिंह गाडगज्जा एक बार पुलिस द्वारा बहुत हद तक घेर लिये गए थे। एक युवक, जो उनके साथ था, घायल होने के बाद गिर गया और उसे पकड़ लिया गया, लेकिन वहाँ से भी किशन सिंहजी अपने हथियारों के सहारे भाग निकले। वह रास्ते में एक साधु से मिले, जिन्होंने उन्हें बताया कि उनके पास एक जड़ी-बूटी है, जो उनकी सभी योजनाओं

को पूरा करेगी और चमत्कार दिखाएगी। सरदारजी ने उनकी बात पर विश्वास किया और उस साधु से मिलने निहत्थे गए। साधु ने उन्हें तैयार करने के लिए कुछ जड़ी-बूटियाँ दीं और इस बीच पुलिस को बुला लाया। सरदार साहब को गिरफ्तार कर लिया गया। वह साधु सी.आई.डी. विभाग का एक इंस्पेक्टर था। बब्बर अकालियों ने अपनी गतिविधियों को आगे बढ़ाया। सरकार समर्थक कई लोग मारे गए। ब्यास और सतलुज के बीच में स्थित दोआब की भूमि, यानी जालंधर और होशियारपुर के जिले, इससे पहले भी देश के राजनीतिक मानचित्र पर रहे थे। 1915 के अधिकांश शहीद इन जिलों के थे। अब फिर से एक बार उथल-पुथल मची थी। पुलिस विभाग ने अपने आदेश पर अपनी सारी ताकत का उपयोग किया, जो बेकार ही साबित हुआ। जालंधर के पास एक छोटी नदी है; 'चौंटा साहिब' गुरुद्वारा नदी के किनारे एक गाँव में स्थित है। वहाँ श्री करम सिंहजी, श्री धन्ना सिंहजी, श्री उदय सिंहजी और श्री अनूप सिंहजी कुछ अन्य लोगों के साथ बैठकर चाय तैयार कर रहे थे। अचानक श्री धन्ना सिंहजी ने कहा, "बाबा करम सिंहजी! हमें तुरंत इस जगह को छोड़ देना चाहिए। मुझे कुछ अशुभ होने का आभास हो रहा है।" 75 वर्षीय सरदार करम सिंह इससे पूरी तरह से असहमत हुए, लेकिन श्री धन्ना सिंहजी अपने 18 वर्षीय अनुयायी दिलीप सिंह के साथ जगह छोड़कर चले गए। तुरंत बाबा करम सिंह ने अनूप सिंह को घूरते हुए कहा, "अनूप सिंह, तुम अच्छे इनसान नहीं हो," लेकिन इसके बाद, वह खुद अपने ही अंदाज से बेखबर हो गए। वे तब भी बात कर रहे थे, जब पुलिस ने यह घोषणा की—"विद्रोहियों को बाहर भेजें, अन्यथा गाँव को जला दिया जाएगा।" लेकिन ग्रामीणों ने कोई सुराग नहीं दिया।

यह सब देखकर वे खुद बाहर आ गए। अनूप सिंह सभी बमों के

साथ भागे और आत्मसमर्पण कर दिया। शेष चार लोग खड़े थे, सभी तरफ से घिरे हुए थे। ब्रिटिश पुलिस कप्तान ने कहा, "करम सिंह! हथियार फेंक दो और तुम्हें क्षमा कर दिया जाएगा।" नायक ने चुनौतीपूर्ण जवाब दिया, "हम अपनी मातृभूमि की खातिर, एक असली क्रांतिकारी के रूप में लड़ते हुए शहीद की मौत मरेंगे, लेकिन हम अपने हथियारों का आत्मसमर्पण नहीं करेंगे।" उन्होंने प्रेरणास्रोत बनकर अपने साथियों को बुलाया। वे भी शेरों की तरह दहाड़े। इस तरह लड़ाई शुरू हो गई। गोलियाँ चारों ओर से चलीं। उनके गोला-बारूद समाप्त होने के बाद, ये बहादुर लोग नदी में कूद गए और घंटों बाद पूरी शिद्दत से लड़कर वीरगति को प्राप्त हो मर गए।

सरदार करम सिंह 75 वर्ष के थे। वह कनाडा में रहे थे। उनका चरित्र शुद्ध और व्यवहार आदर्श था। सरकार ने निष्कर्ष निकाला कि बब्बर अकाली समाप्त हो गए हैं, लेकिन वास्तव में वे ताकत में बढ़ गए थे। 18 वर्षीय दिलीप सिंह एक बहुत ही सुंदर, मजबूत, अच्छे डील-डौलवाले थे, यद्यपि वे अनपढ़ युवा थे। वह किसी डकैत गिरोह में शामिल हो गए थे। श्री धन्ना सिंहजी के साथ उनके जुड़ाव ने उन्हें डकैत से वास्तविक क्रांतिकारी में बदल दिया था। बंता सिंह और वरियम सिंह जैसे कई कुख्यात डकैतों ने भी डकैती छोड़ दी थी और उनके साथ शामिल हो थे।

वे मौत से नहीं डरते थे। वे अपने पुराने पापों को धोने के लिए उत्सुक थे। वे दिन-प्रतिदिन संख्या में बढ़ रहे थे। एक दिन जब धन्ना सिंह मौहाना नाम के एक गाँव में बैठे थे, पुलिस को बुलाया गया था। धन्ना सिंह शराब के नशे में घुत्त थे और बिना किसी प्रतिरोध के पकड़े गए। उनकी रिवॉल्वर छीन ली गई, उन्हें हथकड़ी लगाकर बाहर लाया गया। बारह पुलिसकर्मियों और दो ब्रिटिश अधिकारियों ने उन्हें घेर लिया

था। ठीक उसी समय विस्फोट का एक भयंकर शोर हुआ। यह धन्ना सिंहजी द्वारा बम विस्फोट किया गया था। एक ब्रिटिश अधिकारी और दस पुलिसकर्मियों के साथ उनकी मौके पर ही मौत हो गई, बाकी सभी बुरी तरह से घायल हो गए थे।

उसी अंदाज में मुंडेर नाम के एक गाँव में बंता सिंह, ज्वाला सिंह और कुछ अन्य लोग घिरे हुए थे। वे सभी घर की छत पर इकट्ठा हुए थे। शॉर्ट फायर किए गए, कुछ समय के लिए क्रॉस-फायर किया गया, लेकिन फिर पुलिस ने एक पंप द्वारा मिट्टी का तेल छिड़क दिया और घर को आग लगा दी। बंता सिंह वहीं मर गए थे, लेकिन वरियम सिंह वहाँ से भी भाग निकले थे।

कुछ और समान घटनाओं का वर्णन करना यहाँ अनुचित नहीं होगा। बंता सिंह बहुत साहसी व्यक्ति थे। एक बार उन्होंने जालंधर छावनी में शस्त्रागार के गार्ड से एक घोड़ा और एक राइफल छीन ली थी। उन दिनों कई पुलिस दस्ते उनकी तलाश में थे; ऐसे ही एक दस्ते ने जंगल में उनका सामना किया। सरदार साहब ने उन्हें तुरंत चुनौती दी—"अगर तुम में हिम्मत है, आओ और मेरा सामना करो।" उस तरफ, पैसे के गुलाम थे; इस ओर, जीवन का इच्छुक बलिदान था। मकसद की कोई तुलना नहीं थी। पुलिस दस्ते को पीछे हटना पड़ा।

यह उनकी गिरफ्तारी के लिए तैनात विशेष पुलिस दस्तों की हालत थी! वैसे भी गिरफ्तारी एक रुटीन बन गई थी। लगभग हर गाँव में पुलिस चौकियाँ खड़ी की गईं। धीरे-धीरे बब्बर अकाली कमजोर हो गए। अब तक ऐसा लगता था, जैसे वे वास्तविक शासक थे। जहाँ भी वे जानेवाले होते, उनका गर्मजोशी से स्वागत किया जाता तथा कुछ लोगों द्वारा भय और आतंक के साथ। शासन के समर्थक पराजित थे। उनके पास सूर्यास्त और सूर्योदय के बीच अपने निवासस्थान से बाहर निकलने की हिम्मत

नहीं थी। वे उस समय के 'नायक' थे। वे बहादुर थे और उनकी पूजा को एक प्रकार की नायक-पूजा माना जाता था, लेकिन धीरे-धीरे उन्होंने अपनी ताकत खो दी। उनमें से सैकड़ों को कैद कर लिया गया था और उनके खिलाफ मामले चल रहे थे।

वरियम सिंह अकेला जीवित था। वे लायलापुर की ओर बढ़ रहे थे, क्योंकि जालंधर और होशियारपुर में पुलिस का दबाव बढ़ गया था। एक दिन वह बुरी तरह से घिर गए थे, लेकिन वे बहादुरी से लड़ते हुए बाहर आए। वे बहुत थक गए थे। वे अकेले थे। अजीब स्थिति थी। एक दिन वे ढेशियन नाम के गाँव में अपने मामा से मिलने गए। हथियार बाहर रखे गए। भोजन करने के बाद जब वह अपने हथियार की ओर बढ़ रहे थे, तभी पुलिस पहुँच गई। उन्हें घेर लिया गया। अंग्रेज अधिकारी ने उन्हें पीछे से पकड़ लिया था। उन्होंने अपने कृपाण (तलवार) से उस अधिकारी को बुरी तरह घायल कर दिया और वह नीचे गिर गया। उन्हें हथकड़ी लगाने के सभी प्रयास विफल रहे। दो साल के दमन के बाद अकाली जत्थे का अंत हुआ। फिर मामले शुरू हुए, जिनमें से एक के बारे में ऊपर चर्चा की गई है। हाल ही में उन्होंने स्वयं जल्द फाँसी लगाए जाने की इच्छा व्यक्त की थी।

उनकी इच्छा पूरी हो गई है; वे अब चुप हैं।

□

# सावधान हो जाओ, हे ब्यूरोक्रेसी!

18 दिसंबर, 1928 को मोजांग हाउस में एक हस्तलिखित पत्र में सांडर्स की हत्या के कारणों की व्याख्या की गई थी और 18 व 19 के बीच की रात में लाहौर की दीवारों पर कई स्थानों पर चिपकाई गई थी। भगत सिंह की लिखावट में एक प्रति लाहौर षड्यंत्र मामले में एक प्रदर्शन के रूप में प्रस्तुत की गई थी।

**हिंदुस्तान सोशलिस्ट रिपब्लिकन आर्मी का नोटिस : 'जे.पी. सांडर्स मर चुका है; लाला लाजपत राय का बदला लिया गया'**

वास्तव में, यह कल्पना करना भयावह है कि जे.पी. सांडर्स जैसे एक साधारण पुलिस अधिकारी का इतना नीच और हिंसक हाथ इतने बूढ़े, इतने पूज्य और हिंदुस्तान के 300 मिलियन लोगों द्वारा प्यार किए

जानेवाले महान् व्यक्ति को छूने का साहस भी कर सके और जिस कारण उनकी मौत हो जाए। भारत के राष्ट्रवाद के सिर पर चोट लगाकर भारत के युवाओं और उनकी मर्दानगी को चुनौती दी गई थी। और दुनिया जान ले कि भारत अभी भी जिंदा है; युवाओं का रक्त पूरी तरह से ठंडा नहीं हुआ है और अगर उनके राष्ट्र का सम्मान दाँव पर हो तो वे अभी भी अपने जीवन को जोखिम में डाल सकते हैं। और यह इस कार्य के माध्यम से उन अनजान लोगों द्वारा सिद्ध किया गया है, जिन्हें कभी अपने ही लोगों द्वारा सताया गया है, निंदा की गई है और आरोप लगाए गए हैं।

## खबरदार, अत्याचारियो खबरदार!

दलित और उत्पीड़ित देश की भावनाओं को न कुचलें। भावनाओं को चोटिल न करें। इस तरह के शैतानी काम को अंजाम देने से पहले दो बार सोचें और याद रखें कि हथियारों की तस्करी के खिलाफ 'आर्म्स ऐक्ट' और सख्त कानूनों के बावजूद, रिवॉल्वर लोगों के पास रहेंगी—अगर वर्तमान में और सशस्त्र विद्रोह के लिए पर्याप्त अस्त्र नहीं भी हैं तो कम-से-कम राष्ट्रीय अपमान का बदला लेने के लिए पर्याप्त हैं। अपने सगे-संबंधियों के आरोपों और निंदा के बावजूद तथा विदेशी सरकार के क्रूर दमन और उत्पीड़न के कारण, युवा पुरुषों की पार्टी हमेशा क्रूर शासकों को सबक सिखाने के लिए जीवित रहेगी। वे इतने निर्भीक होंगे कि विरोध और दमन के प्रचंड तूफान के बीच भी, यहाँ तक कि मचान पर भी पूरे जोर से चिल्लाएँगे।

## 'क्रांति अमर रहे!'

एक आदमी की मृत्यु के लिए क्षमा करें। लेकिन इस आदमी में एक ऐसी संस्था के प्रतिनिधि की मृत्यु हो गई है, जो इतनी क्रूर, नीच और इतनी आधारहीन है कि इसे समाप्त किया जाना चाहिए। इस आदमी

के रूप में भारत में ब्रिटिश प्राधिकरण के एक एजेंट की मृत्यु हो गई है—दुनिया में सरकारों में सबसे अत्याचारी सरकार।

इनसान के रक्तपात के लिए क्षमा करें; लेकिन क्रांति की वेदी पर व्यक्तियों का बलिदान, जो सभी को स्वतंत्रता दिलाएगा और मनुष्य द्वारा मनुष्य के शोषण को असंभव बना देगा, यह अपरिहार्य है।

'क्रांति अमर रहे!'

**—बलराज**

18 दिसंबर, 1928

□

# शहीद सुखदेव को पत्र

पत्र 5 अप्रैल, 1929 को सीताराम बाजार हाउस, दिल्ली में लिखा गया था। यह पत्र श्री शिव वर्मा द्वारा लाहौर ले जाया गया था और सुखदेव को सौंप दिया गया था। यह 13 अप्रैल को गिरफ्तारी के समय उनके पास से बरामद किया गया था और लाहौर षड्यंत्र मामले में एक सबूत के रूप में प्रयोग किया गया था—

"प्रिय भाई,

जब तक आप इस पत्र को प्राप्त करेंगे, तब तक मैं चला जाऊँगा, बहुत दूर स्थान पर चला जाऊँगा। मैं विश्वास दिलाता हूँ कि मैं सभी मधुर स्मृति के बावजूद और यहाँ मेरे जीवन के सभी आकर्षण के बावजूद यात्रा के लिए तैयार हूँ। इस दिन तक मेरे दिल में एक बात कौंधती रही और वह यह थी कि मेरे भाई, मेरे अपने भाई ने मुझे गलत समझा और मुझ पर बहुत गंभीर आरोप लगाए—कमजोरी का आरोप! आज मैं काफी संतुष्ट हूँ, आज पहले से कहीं ज्यादा मुझे लगता है कि वह कुछ

भी नहीं था, लेकिन एक गलतफहमी, एक गलत गणना। मेरे अधिक खुलकर बोलने को मेरा बातूनी होना समझा गया तथा मेरी स्वीकारोक्ति को मेरी कमजोरी। और अब मुझे लगता है कि यह एक गलतफहमी थी और सिर्फ एक गलतफहमी। भाई, मैं कमजोर नहीं हूँ, हमारे बीच किसी से भी कमजोर नहीं हूँ। साफ दिल के साथ मैं जा रहा हूँ, क्या आप भी सब भूल जाएँगे? आपकी मुझ पर बहुत दया होगी। लेकिन ध्यान दें कि आपको जल्दबाजी में कोई कदम नहीं उठाना है, आराम से और शांति से काम को आगे बढ़ाना है। तुरंत ही भिड़ने की कोशिश मत करना। जनता के प्रति आपका कुछ कर्तव्य है और इसे आप इस कार्य को जारी रखकर पूरा कर सकते हैं। सुझाव के रूप में मैं कहना चाहूँगा कि एम.आर. शास्त्री ने मुझसे पहले से कहीं अधिक अपील की है। उन्हें अपने साथ लाने की कोशिश करें, बशर्ते वह खुद तैयार हों, और स्पष्ट रूप से अँधेरे भविष्य को जान लें। उसे पुरुषों के साथ घुलने-मिलने दें और उनके मनोविज्ञान का अध्ययन करने दें। अगर वह सही भावना से काम करेंगे तो वह बेहतर जज होंगे। उस तरह से व्यवस्था करें जो आपके अनुसार फिट हो। अब भाई, हम खुश रहें।

वैसे मैं कह रहा हूँ कि मैं चर्चा के अंतर्गत अपने मामले में एक बार फिर बहस नहीं कर सकता। फिर से मैं इस बात पर जोर देता हूँ कि मैं महत्त्वाकांक्षा और आशा तथा जीवन के पूर्ण आकर्षण से भरा हुआ हूँ। लेकिन मैं जरूरत के समय सभी का त्याग कर सकता हूँ और यही वास्तविक बलिदान है। ये चीजें कभी भी इनसान के रास्ते में बाधा नहीं बन सकतीं, बशर्ते वह एक अच्छा आदमी हो। निकट भविष्य में आपके पास व्यावहारिक प्रमाण होंगे। किसी के चरित्र के बारे में चर्चा करते समय आपने मुझसे एक बात पूछी थी कि क्या प्यार कभी किसी पुरुष के लिए मददगार साबित हुआ है? हाँ, मैं आज उस सवाल का जवाब देता हूँ।

मैजिनी के लिए यह प्रश्न था। आपने पढ़ा होगा कि पहली बार असफल होने और अपनी पहली उड़ान की हार को कुचलने के बाद वह अपने मृत साथियों के दुःख और भयावह विचारों को सहन नहीं कर सका। वह पागल हो सकता था या आत्महत्या भी कर सकता था, लेकिन एक लड़की के एक पत्र के लिए, जिसे वह प्यार करता था, वह जिया। वह किसी भी अन्य की तरह मजबूत था, नहीं, सबसे अधिक मजबूत था। जहाँ तक प्रेम की नैतिक स्थिति का संबंध है, मैं कह सकता हूँ कि यह अपने आप में कुछ भी नहीं, बस एक जुनून है, एक पशु का जुनून नहीं, बल्कि एक इनसान का जुनून है और वह भी बहुत प्यारा! प्यार अपने आप में एक जानवर का जुनून कभी नहीं हो सकता है। प्रेम हमेशा मनुष्य के चरित्र को बेहतर बनाता है। यह उसे कभी गिराता नहीं है, बशर्ते प्यार, प्यार हो। आप इन लड़कियों को पागल नहीं कह सकते, जैसाकि हम आमतौर पर फिल्मों में देखते हैं। वे हमेशा जानवरों-सा जुनून रखनेवाले हाथों की कठपुतली होती हैं। सच्चे प्यार को पैदा नहीं किया जा सकता है। यह अपने हिसाब से आता है, कोई नहीं कह सकता, कब आएगा? यह स्वाभाविक प्रक्रिया है। और मैं आपको बता सकता हूँ कि एक जवान लड़का व एक जवान लड़की एक-दूसरे से प्यार कर सकते हैं और अपने प्यार की मदद से वे खुद अपने जुनून से बाहर आ सकते हैं तथा अपनी पवित्रता को बनाए रख सकते हैं। मैं यहाँ एक बात साफ करना चाहता हूँ; जब मैंने कहा कि प्यार में मानवीय कमजोरी होती है तो मैंने इसे इस स्तर पर एक साधारण इनसान के लिए नहीं कहा, जहाँ आमतौर पर लोग हैं। लेकिन वह सबसे आदर्शवादी अवस्था है, जब मनुष्य प्रेम, घृणा और इसी तरह की अन्य सभी भावनाओं से दूर हो जाता है। जब मनुष्य अपनी सभी गतिविधियों के लिए कारण को ही एकमात्र आधार मानता है। लेकिन वर्तमान में यह बुरा नहीं है, बल्कि मनुष्य के लिए अच्छा और उपयोगी

है। मैंने एक के लिए एक व्यक्ति के प्यार को झिड़क दिया और वह भी आदर्शवादी अवस्था में! और फिर भी, मनुष्य में प्यार की सबसे मजबूत भावनाएँ होनी चाहिए, जिसे जरूरी नहीं, वह किसी एक व्यक्ति तक ही सीमित रखे; वह इसे सार्वभौमिक बना सकता है। अब मुझे लगता है कि मैंने अपनी स्थिति साफ कर दी है। एक बात जो मैं आपको निश्चित रूप से बता सकता हूँ, हम उन सभी कट्टरपंथी विचारों को अपनाने के बावजूद, नैतिकता के अति आर्यसमाजी विचार से दूर नहीं हो पाए हैं। हम उन सभी कट्टरपंथी चीजों के बारे में शानदार ढंग से बात कर सकते हैं, जिनकी कल्पना की जा सकती है, लेकिन व्यावहारिक जीवन में हम बहुत शुरुआत में ही काँपने लगते हैं। मैं आपसे निवेदन करूँगा कि आप इससे दूर रहें। और क्या मैं मेरे अंदर की सभी गलतफहमियों से डरे बिना अनुरोध कर सकता हूँ कि कृपया अपने अति-आदर्शवाद के मानक को थोड़ा कम करें और उन लोगों के लिए कठोर न हों जो पीछे रह जाएँगे और अहं की बीमारी का शिकार होंगे? उन्हें झिड़कें नहीं तथा इस तरह उनका दुःख-दर्द और न बढ़ाएँ। उन्हें आपकी सहानुभूति की आवश्यकता है। क्या मैं दोहरा सकता हूँ कि आप किसी व्यक्ति विशेष के खिलाफ किसी भी प्रकार की दुर्भावना रखे बिना, उन लोगों के प्रति सहानुभूति रखेंगे, जिन्हें इसकी सबसे ज्यादा जरूरत है? लेकिन आप इन बातों का अहसास तब तक नहीं कर सकते हैं, जब तक आप खुद इसका शिकार नहीं हो जाते हैं। लेकिन मैं यह सब क्यों लिख रहा हूँ? मैं खुलकर अपनी बात कहना चाहता हूँ। मैंने अपना दिल साफ कर लिया है।

आपका जीवन सफल और खुशहाल हो, यही कामना है।

तुम्हारा

बी.एस."

□

# लाल परचा

8 अप्रैल, 1929 को, भगत सिंह और बटुकेश्वर दत्त ने असेंबली हॉल के गलियारों में दो बम फेंकने के बाद नई दिल्ली में सेंट्रल असेंबली हॉल के फर्श पर भगत सिंह द्वारा लिखित इस परचे की प्रतियों की बौछार की—

**हिंदुस्तान सोशलिस्ट रिप्रेजेंट आर्मी ( नोटिस )**

बधिरों को सुनाई देने के लिए आवाज ऊँची करनी ही पड़ती है, इसी तरह के अवसर पर एक फ्रांसीसी अराजकतावादी शहीद वेलेंट (अगस्ते वेलेंट) द्वारा कहे गए इन अमर शब्दों से क्या हम अपनी इस काररवाई को सही ठहरा सकते हैं?

सुधारों (मोंटेग्यू-चेम्सफोर्ड सुधार) के काम के पिछले दस वर्षों के अपमानजनक इतिहास को दोहराए बिना और इस सदन-तथाकथित भारतीय संसद् के माध्यम से भारतीय राष्ट्र के अपमान का उल्लेख किए बिना हम इस ओर ध्यान दिलाना चाहते हैं कि हालाँकि लोग साइमन कमीशन से कुछ और सुधारों की उम्मीद कर रहे हैं तथा उनसे कुछ और रियायतों के लिए लड़ रहे हैं, वहीं सरकार हम पर सार्वजनिक सुरक्षा और व्यापार विवाद विधेयक जैसी नई दमनकारी नीतियाँ लगा रही है, जबकि प्रेस सेडिशन विधेयक को अगले सत्र के लिए आरक्षित कर रही है। खुले मैदान में काम करनेवाले श्रमिक नेताओं की अंधाधुंध गिरफ्तारियाँ स्पष्ट रूप से हवा के झोंकों का संकेत दे रही हैं।

## लाल परचा

इन अत्यंत उत्तेजक परिस्थितियों में 'हिंदुस्तान सोशलिस्ट रिपब्लिकन एसोसिएशन, ने पूरी गंभीरता से अपनी पूरी जिम्मेदारी लेते हुए यह निर्णय लिया और अपनी सेना को यह विशेष काररवाई करने का आदेश दिया था, ताकि इस अपमानजनक तमाशे को रोक दिया जाए और विदेशी नौकरशाह शोषकों को वह करने दिया जाए, जो वह करना चाहते हैं, लेकिन उन्हें अपने सच्चे रूप में जनता के सामने आना चाहिए।

जनप्रतिनिधियों को उनके निर्वाचन-क्षेत्रों में लौटने दें, आनेवाली क्रांति के लिए जनता को तैयार करें और सरकार को पता लगने दें कि असहाय भारतीय जनता की ओर से सार्वजनिक सुरक्षा तथा व्यापार विवाद विधेयकों और लाला लाजपत राय की हत्या का विरोध करते हुए, हम इतिहास द्वारा बार-बार दोहराए गए पाठ पर जोर देना चाहते हैं कि व्यक्तियों को मारना आसान है, लेकिन आप विचारों को नहीं मार सकते। महान् साम्राज्य टूट गए, जबकि विचार बच गए, बॉबन्स और सीजर चले गए, जबकि क्रांति विजयी रूप से आगे बढ़ती गई।

हम खेद के साथ स्वीकार करते हैं कि हम जो मानव जीवन के साथ एक बड़ी पवित्रता को जोड़कर देखते हैं, एक उज्ज्वल भविष्य का सपना देखते हैं, जिस समय मनुष्य परम शांति तथा संपूर्ण स्वतंत्रता का आनंद ले रहा होगा, उस समय हमारे लिए कहा जाएगा कि हमें मानव रक्त को बहाने के लिए मजबूर कर दिया गया था। परंतु 'महान् क्रांति' की बलिवेदी पर क्रांतिकारियों द्वारा दिया गया बलिदान, जो मनुष्य द्वारा मनुष्य के शोषण पर रोक लगाते हुए सभी को स्वतंत्रता दिलाएगा, यह एक अपरिहार्य घटना होगी।

'क्रांति अमर रहे!'

हस्ताक्षरित

**—बलराज**

प्रमुख कमांडर

☐

# असेंबली बम मामले में भगत सिंह और बी.के. दत्त का साझा बयान

हम पर कुछ गंभीर अपराधों के आरोप लगाए गए हैं और इस समय यह बिल्कुल उचित है कि हमें अपने आचरण पर सफाई देनी चाहिए।

इस संबंध में निम्नलिखित प्रश्न उठते हैं—

1. क्या बम चैंबर में फेंके गए थे और यदि हाँ, तो क्यों?
2. क्या आरोप, जैसाकि निचली अदालत द्वारा निर्धारित किया गया है, सही हैं, या गलत?

पहले प्रश्न के पहले भाग का हमारा उत्तर 'हाँ' है, लेकिन चूँकि कुछ तथाकथित 'प्रत्यक्षदर्शियों' ने झूठे बयान दिए हैं और चूँकि हम उस हद तक जाने के अपने दायित्व से इनकार नहीं कर रहे हैं, इसलिए उनके बारे में हमारे बयान को वैसा आँका जाए, जैसा आपको उचित लगे। एक दृष्टांत के माध्यम से हम यह बता सकते हैं कि हममें से एक से पिस्तौल की जब्ती के बारे में सार्जेंट टेरी का प्रमाण एक मनगढ़ंत झूठ है, क्योंकि जब हमने गिरफ्तारी दी, उस समय हममें से किसी के पास भी पिस्तौल नहीं थी। अन्य गवाहों को भी, जिन्होंने हमें बमों को फेंकते देखा था, झूठ कहते हुए शर्म नहीं आई। इस तथ्य का होना उन लोगों के लिए एक नैतिक शिक्षा है, जो न्यायिक शुद्धता और निष्पक्ष न्याय प्रदान करने का लक्ष्य रखते हैं। साथ ही, हम लोक अभियोजन पक्ष की निष्पक्षता और न्यायालय के अब तक के न्यायिक रवैए को स्वीकार करते हैं।

## वायसराय के विचारों का समर्थन किया

पहले सवाल के अगले भाग के हमारे जवाब में हम अपने मकसद और उन परिस्थितियों की पूर्ण और स्पष्ट व्याख्या की पेशकश करने के लिए कुछ विस्तार में जाने के लिए विवश हैं, जो अब एक ऐतिहासिक घटना बन गई है।

जब हमें कुछ पुलिस अधिकारियों द्वारा बताया गया, जो हमसे मिलने जेल में आए कि लॉर्ड इरविन ने दोनों सदनों के संयुक्त सत्र में अपने संबोधन में इस घटना को किसी व्यक्ति के खिलाफ नहीं, बल्कि एक संस्था के खिलाफ निर्देशित हमले के रूप में वर्णित किया, तो हमने आसानी से पहचान लिया कि घटना का सही महत्त्व सही ढंग से सराहा गया था। हमें मानवता के लिए अपने प्यार को लेकर कोई संदेह नहीं है। किसी भी व्यक्ति के खिलाफ कोई दुर्भावना रखने से दूर, हम शब्दों से परे

मानव जीवन को पवित्र मानते हैं। हम न तो नृशंस अपराध के अपराधी हैं और इस प्रकार से कि देश पर एक कलंक हैं—जैसाकि छद्म समाजवादी दीवान चमनलाल ने हमारे बारे में हमारी जानकारी के मुताबिक कहा है; और न ही हम 'मानसिक रूप से विक्षिप्त व्यक्ति' हैं, जैसाकि जान पड़ता है, लाहौर के 'ट्रिब्यून' एवं कुछ अन्य व्यक्तियों ने मान लिया है।

## व्यावहारिक विरोध

हम विनम्रतापूर्वक दावा करते हैं कि हम अपने देश और उसकी आकांक्षाओं के इतिहास तथा स्थितियों के गंभीर छात्रों से अधिक कुछ नहीं हैं। हम पाखंड का तिरस्कार करते हैं, हमारा व्यावहारिक विरोध उस संस्था के खिलाफ था, जिसने अपने जन्म के बाद से न केवल अपनी व्यर्थता को दिखाने की कोशिश की है, बल्कि शरारतों के लिए अपनी दूरगामी शक्ति का प्रदर्शन किया है। जितना अधिक हम इस बात से आश्वस्त हुए कि यह केवल दुनिया भर में भारतीयों के अपमान और असहायता को प्रदर्शित करने के लिए मौजूद है तथा यह एक गैर-जिम्मेदार एवं निरंकुश शासन के आधिपत्य तथा वर्चस्व का प्रतीक है। समय-समय पर राष्ट्रीय माँग को जनप्रतिनिधियों द्वारा दबाया जाता है, जिससे उसे ठंडे बस्ते में डाला जा सके।

## संस्था पर हमला

सदन द्वारा पारित दृढ़ प्रस्तावों को तथाकथित भारतीय संसद् के तल पर पैरों के तले मसल दिया गया। दमनकारी और मनमाने उपायों के निरसन के संबंध में बने प्रस्ताव से विशिष्ट अपमानजनक व्यवहार किया गया है और सरकार के उपायों और प्रस्तावों को अस्वीकार कर दिया गया, क्योंकि विधानसभा के निर्वाचित सदस्यों के अनमने प्रस्ताव

Bhagat Singh

Batukeshwar Dutt

Poster thrown in the Assembly on 08.04.1929

को मात्र कलम के एक हस्ताक्षर से बहाल कर दिया गया। संक्षेप में, अपने सभी वैभव और भव्यता के बावजूद, भारत के लाखों लोगों के खून-पसीने की गाढ़ी कमाई से संगठित इस संस्था के अस्तित्व के लिए हम एक भी वजह को खोजने में पूरी तरह से विफल रहे हैं और अब यह केवल एक खोखला प्रदर्शन है तथा एक शरारत के तौर पर दरशाया गया है। इसी तरह, क्या हम उन सार्वजनिक नेताओं की मानसिकता को

समझने में भी विफल रहे हैं, जो सरकार के इस तरह के मंच-प्रबंधित प्रदर्शन पर लोगों का समय और पैसा खर्च करने में मदद करते हैं, ताकि भारतीयों की असहाय अधीनता को दरशाया जा सके ?

## श्रम के लिए कोई आशा नहीं

हम मजदूर आंदोलन के नेताओं की बड़ी संख्या में गिरफ्तारी के साथ-साथ इन सभी मामलों पर विचार कर रहे हैं। जब व्यापार विवाद विधेयक का परिचय हमें इसकी प्रगति देखने के लिए सभा में लाया गया तो बहस के दौरान केवल इस दृढ़ विश्वास की पुष्टि हुई कि भारत के लाखों मजदूरों को एक ऐसी संस्था से उम्मीद नहीं है, जो शोषकों के अत्याचार और असहाय मजदूरों की दासता के स्मारक के रूप में खड़ी हो।

अंत में, उनके द्वारा आम जनता का अपमान, जिसे हम अमानवीय और बर्बरतापूर्वक तरीका मानते हैं, उसे पूरे देश के प्रतिनिधियों के सिर पर फेंका गया और भूखे तथा संघर्ष कर रहे लाखों लोगों को उनके मूलभूत अधिकार से वंचित किया गया और वह भी केवल अपनी आर्थिक स्थिति को सुधारने के लिए। जिन्होंने भी हमारी तरह इन दबे-कुचले मजदूरों के बारे में नहीं सोचा, वे शायद इस तमाशे को एक मौन गंभीरता के साथ देख रहे हैं। ऐसा कोई नहीं था, जिनका दिल उनके लिए नहीं पसीजा, जिन्होंने आर्थिक ढाँचे के निर्माण के लिए मौन रहकर अपना जीवन दिया हो; वे चाहते तो इस दर्द को कम कर सकते थे, परंतु उन्होंने हमारे दिलों पर निर्मम प्रहार किया है।

## बम आवश्यक थे

नतीजतन गवर्नर-जनरल की कार्यकारी परिषद् के सदस्य रह चुके स्वर्गीय श्री एस.आर. दास के शब्दों को याद करते हुए, जो उन्होंने अपने

बेटे को संबोधित करते हुए अपने एक प्रसिद्ध पत्र में इस आशय के साथ लिखे थे कि 'इंग्लैंड को उसके सपनों से जगाने के लिए बम आवश्यक था।' हमने उन लोगों की ओर से अपना विरोध दर्ज कराने के लिए बम को असेंबली चैंबर के फर्श पर फेंका था, जिनके पास अपनी दिल दहला देनेवाली पीड़ा को अभिव्यक्त करने का कोई और साधन नहीं था। हमारा एकमात्र उद्‌देश्य था—'बधिरों को सुनाना' और बेपरवाहों को समय पर चेतावनी देना। अन्य लोगों ने इसे उतनी ही गंभीरता से महसूस किया, जितना हमने किया था और यह दरशाता था कि भारतीय मानवता के समुद्र में प्रतीत होनेवाली शांति के भीतर एक बड़ा तूफान आनेवाला था। हमने केवल उन खतरों की चेतावनी देने के लिए 'खतरे का संकेत' उन लोगों के लिए प्रदर्शित किया है, जो गंभीर खतरों को नजरअंदाज कर तेजी से आगे बढ़ रहे हैं। हमने केवल यूटोपियन (काल्पनिक) अहिंसा के एक युग के अंत को चिह्नित किया है, जिसकी निरर्थकता के प्रति उभरती नई पीढ़ी को कोई संदेह नहीं है।

## आदर्श समझाया गया

हमने पिछले अनुच्छेद में यूटोपियन (काल्पनिक) अहिंसा की अभिव्यक्ति का उपयोग किया है, आगे के अनुच्छेद में इसे कुछ स्पष्टीकरण की आवश्यकता है। ताकत जब आक्रामक रूप से लगाई जाती है तो वह 'हिंसा' होती है और इसलिए नैतिक रूप से अनुचित है; लेकिन जब इसका उपयोग किसी वैध कारण के लिए किया जाता है तो इसके साथ नैतिक भावना जुड़ जाती है। यूटोपियन (काल्पनिक युग) में हर तरह से ताकत का नाश हो जाता है और देश में पनप रहे नए आंदोलन और उस भोर में हमने एक चेतावनी दी है, जो उस आदर्श से प्रेरित है, जिसने गुरु गोबिंद सिंह और शिवाजी, कमाल पाशा और रेजा

खान, वाशिंगटन और गैरीबाल्डी, लाफायेट और लेनिन का मार्गदर्शन किया था।

जैसेकि विदेशी सरकार और भारतीय नेताओं ने इस आंदोलन के अस्तित्व को लेकर अपनी आँखें बंद कर ली थीं, ऐसे में हमने इसे चेतावनी के रूप में देखा, जहाँ वह अनसुना नहीं किया जा सकता था। हमने अभी तक चर्चा में उठ रहे सवालों के पीछे के मकसद पर काम किया है और अब हमें अपने इरादे की गंभीरता को परिभाषित करना चाहिए।

## कोई व्यक्तिगत शिकायत नहीं

हम विधानसभा में उन लोगों से, जिन्हें मामूली चोटें लगी हैं या किसी भी अन्य व्यक्ति के खिलाफ कोई व्यक्तिगत दुश्मनी या दुर्भावना नहीं रखते हैं। इसके विपरीत, हम दोहराते हैं कि हम मानव जीवन को शब्दों से परे पवित्र मानते हैं तथा जल्द ही किसी और को घायल करने की बजाय मानवता की सेवा में अपना जीवन लगा देंगे। साम्राज्यवादी सेनाओं के भाड़े के सैनिकों के विपरीत, जिन्हें बिना किसी पछतावे के मारने के लिए तैयार किया जाता है, हम मानवता का सम्मान करते हैं और इसमें जहाँ तक संभव हो, हम मानव जीवन को बचाने का प्रयास करते हैं। और फिर भी हम स्वीकार करते हैं कि हमने जानबूझकर बमों को असेंबली चैंबर में फेंका है। हालाँकि तथ्य, खुद सच बयाँ कर रहे हैं, लेकिन हमारे इरादे को यूटोपियन (काल्पनिक) परिस्थितियों और अनुमानों में लाए बिना कारवाई के परिणाम से आँका जाएगा।

## कोई चमत्कार नहीं

सरकारी विशेषज्ञ के साक्ष्य के बावजूद, असेंबली चैंबर में जो बम फेंके गए, उससे एक खाली बेंच को मामूली नुकसान हुआ और आधा

दर्जन से कम मामलों की फाइलों को कुछ मामूली खरोंच आई थी, जबकि सरकारी वैज्ञानिकों और विशेषज्ञों ने इस नतीजे को एक चमत्कार के रूप में माना है, लेकिन हम इस घटना में कुछ भी नहीं बल्कि एक सटीक वैज्ञानिक प्रक्रिया देखते हैं। सबसे पहले, दोनों बम डेस्क और बेंच के लकड़ी के अवरोधों के भीतर खाली स्थानों में फेंके गए थे, दूसरा, यहाँ तक कि जो विस्फोट के 2 फीट के भीतर थे, उदाहरण के लिए, श्री पी. राऊ, श्री शंकर राव और सर जॉर्ज शूस्टर को या तो चोट नहीं लगी या थोड़ी खरोंच आई थी। सरकारी विशेषज्ञ द्वारा बताई गई बम की क्षमता (हालाँकि उनका अनुमान, काल्पनिक होने के बावजूद अतिशियोक्तिपूर्ण है), पोटेशियम क्लोरेट और संवेदनशील (विस्फोटक) पाइक्रेट के प्रभावी चार्ज से भरी हुई बताई गई है, जो अवरोधों को तोड़ सकती थी, जिन्हें विस्फोट के कुछ गज की दूरी पर काफी नीचे रखा गया था।

फिर से अगर बम विनाशकारी छर्रों या डाट्र्स के चार्ज के साथ कुछ अन्य उच्च विस्फोटक के साथ लोड किए गए होते, तो वे सभा के अधिकांश सदस्यों को मार सकते थे। फिर भी हम चाहते तो उन्हें आधिकारिक बक्से पर फेंक सकते थे, जहाँ कुछ उल्लेखनीय व्यक्ति बैठे थे। और अंत में हम सर जॉन साइमन को निशाना बना सकते थे, जिनके अभागे आयोग से सभी जिम्मेदार लोगों को घृणा थी और जो उस समय अध्यक्ष की गैलरी में बैठे थे। हालाँकि ये सभी चीजें हमारे इरादे से परे थीं और बमों ने उससे अधिक कोई नुकसान नहीं किया था, जिसके लिए वे डिजाइन किए गए थे और चमत्कार सिर्फ जानबूझकर किए गए लक्ष्य से अधिक कुछ नहीं था, इसलिए उन्हें सुरक्षित स्थानों पर फेंका गया।

उसके बाद हमने जानबूझकर दंड देने की पेशकश कर खुद को गिरफ्तार कराया और साम्राज्यवादी शोषकों को पता था कि व्यक्तियों

को कुचलकर वे विचारों को मार नहीं सकते। दो तुच्छ इकाइयों को कुचलकर, एक राष्ट्र को नहीं कुचला जा सकता है। हम ऐतिहासिक सबक पर जोर देना चाहते थे कि लेट्रेस-डी कैचेट्स और बास्टिल्स फ्रांस में क्रांतिकारी आंदोलन को कुचल नहीं सके थे। फाँसी और साइबेरियन खदानें रूसी क्रांति को नहीं बुझा सकी थीं।

ब्लडी संडे और ब्लैक और तान्स आयरिश स्वतंत्रता के आंदोलन का गला घोंटने में विफल रहे। क्या अध्यादेश और सुरक्षा विधेयक भारत में स्वतंत्रता की लपटों को बुझा सकते हैं? झूठे या खोजे गए षड्यंत्र के मामले और सभी युवा पुरुषों का झुकाव, जो एक महान् आदर्श की दृष्टि को सँजोते हैं, क्रांति की प्रगति की जाँच नहीं कर सकते हैं। लेकिन समय पर चेतावनी, अगर अनदेखी की जाए तो जान-माल की हानि को रोकने में मदद कर सकती है। हमने इस चेतावनी को प्रदान करने के लिए खुद को चुना और अपना कर्तव्य पूरा किया।

'क्रांति' में जरूरी नहीं कि व्यंग्यात्मक संघर्ष शामिल हो और न ही इसमें व्यक्तिगत प्रतिशोध के लिए कोई जगह होती है। यह बम और पिस्तौल का पंथ नहीं है। 'क्रांति' से हमारा मतलब है कि चीजों का वर्तमान क्रम, जो अन्याय पर आधारित है, उसको बदलना होगा। उत्पादक या मजदूर समाज के सबसे आवश्यक तत्त्व होने के बावजूद, उनके श्रम का फल न देकर शोषक द्वारा लूटे जाते हैं और उन्हें उनके प्राथमिक अधिकारों से वंचित किया जाता है। किसान, जो सभी के लिए धान उगाता है, वह अपने परिवार के साथ भूखा रहता है; जो बुनकर विश्व बाजार में कपड़ों की आपूर्ति करता है, उसके पास अपने और अपने बच्चों के शरीर ढँकने के लिए कपड़े नहीं होते; मिस्त्री, लोहार और बढ़ई, जो शानदार महलों का निर्माण करते हैं, खुद मलिन बस्तियों में खानाबदोशियों की तरह रहते हैं। पूँजीपति

और शोषक समाज के परजीवी हैं, जिनके रंग पर लाखों लोग मरते हैं। ये भयानक असमानताएँ और अवसरों की असमानता अराजकता की ओर ले जाने के मुख्य कारण हैं। यह स्थिति लंबे समय तक नहीं चल सकती है और यह स्पष्ट है कि मौज-मस्ती में डूबे समाज का वर्तमान क्रम ज्वालामुखी के कगार पर है।

इस सभ्यता का संपूर्ण भाग यदि समय रहते नहीं बचाया गया तो यह उखड़ जाएगी। इसलिए एक आमूल-चूल परिवर्तन आवश्यक है और यह उन लोगों का कर्तव्य है जो समाज को समाजवादी आधार पर पुनर्गठित करने पर विश्वास रखते हैं। जब तक यह काम नहीं किया जाता है और मनुष्य द्वारा मनुष्य तथा राष्ट्रों द्वारा राष्ट्रों के शोषण को समाप्त नहीं किया जाता है, तब तक पीड़ित और नरसंहार, जिनसे मानवता को खतरा है, उन्हें बचाया नहीं जा सकता। युद्ध को समाप्त करने और सार्वभौमिक शांति के युग की शुरुआत करने की सभी बातें अविवादित पाखंड से अधिक कुछ नहीं हैं।

'क्रांति' से हमारा तात्पर्य समाज के एक ऐसे क्रम की स्थापना से है, जिसे इस तरह के टूटने का खतरा नहीं होगा और जिसमें सर्वहारा वर्ग की संप्रभुता को मान्यता दी जाएगी तथा विश्व महासंघ को चाहिए कि वह मानवता को पूँजीवाद के बंधन और शाही युद्ध के कष्ट से छुटकारा दिलाए। यही हमारा आदर्श है; और इस विचारधारा को एक प्रेरणा के तौर पर लेकर हमने एक उचित और बुलंद चेतावनी जारी कर दी है।

फिर भी यदि इसे अनसुना किया जाता है और यदि सरकार की वर्तमान प्रणाली नई उभर रही प्राकृतिक शक्तियों की राह में बाधा बनी रहती है, तो फिर एक गंभीर संघर्ष जन्म लेगा, जिसमें सभी बाधाओं को उखाड़ फेंकने की ताकत होगी और एक सर्वहारा तानाशाह के शासन की उत्पत्ति होगी, जिससे क्रांति के आदर्श की संपूर्णता का मार्ग खुल

पाएगा। क्रांति मानव जीवन का एक अभिन्न अंग और अधिकार है। स्वतंत्रता संपूर्ण मानव जाति का एक शाश्वत जन्मसिद्ध अधिकार है। श्रमिक समाज के वास्तविक निर्वाहक होते हैं। संप्रभुता ही मजदूरों का अंतिम भाग्य है।

इन आदर्शों के लिए और इस विश्वास के लिए हम किसी भी दुःख का स्वागत करेंगे, जिसकी हम निंदा कर सकते हैं। इस क्रांति की वेदी पर हम अपने युवाओं को सुगंध के रूप में लाए हैं, क्योंकि कोई भी बलिदान इतने शानदार कारण से अधिक महान् नहीं है। हम संतुष्ट हैं, हम क्रांति के आगमन की प्रतीक्षा कर रहे हैं।

'क्रांति अमर रहे!'

□

# भूख-हड़तालियों की माँगें

भगत सिंह और बी.के. दत्त को दिल्ली विधानसभा बम कांड में आजीवन कारावास की सजा सुनाई गई थी। सजा के बाद उन्हें क्रमशः मियाँवाली और लाहौर जेलों में स्थानांतरित किया गया। जेलों में बंद राजनीतिक कैदियों के साथ बेहतर व्यवहार करने के लिए उन्होंने भूख-हड़ताल शुरू कर दी। कुछ दिनों के बाद भगत सिंह को मियाँवाली से लाहौर केंद्रीय कारागार में स्थानांतरित कर दिया गया। दत्त वहाँ पहले से मौजूद थे। उन्होंने अपनी माँगों को बयाँ करते हुए भारत सरकार के गृह सदस्य को यह पत्र संयुक्त रूप से लिखा—

## मैं नास्तिक क्यों हूँ?

24.6.29

सेंट्रल जेल
लाहौर

हमें, भगत सिंह और बी.के. दत्त, 19 अप्रैल, 1929 को दिल्ली में हुए असेंबली बम केस के लिए आजीवन कारावास की सजा सुनाई गई है। जब तक हम दिल्ली जेल में विचाराधीन कैदी थे, हमसे बहुत अच्छा व्यवहार किया गया और क्रमशः मियाँवाली और लाहौर सेंट्रल जेल के उच्च अधिकारियों को हमने एक निवेदन-पत्र लिखा, जिसमें बेहतर आहार और कुछ अन्य सुविधाएँ माँगी गईं तथा हमने जेल का भोजन लेने से इनकार कर दिया।

हमारी माँगें इस प्रकार थीं—

- हमें राजनीतिक कैदियों के रूप में बेहतर भोजन दिया जाना चाहिए और हमारे आहार का स्तर कम-से-कम यूरोपीय कैदियों के समान होना चाहिए। (यह भोजन की मात्रा को लेकर नहीं है, जिसकी हम माँग करते हैं, बल्कि भोजन के स्तर की समानता की बात है।)
- हमें किसी भी तरह के कठोर और अनिच्छुक कार्य को करने के लिए मजबूर नहीं किया जाना चाहिए।
- लेखन सामग्री के साथ-साथ, जिसे हमें उपलब्ध किए जाने को गैर-कानूनी करार दिया गया है, सभी पुस्तकें हमें बिना किसी प्रतिबंध के लेने की अनुमति दी जानी चाहिए।
- हर राजनीतिक कैदी को कम-से-कम एक दैनिक अखबार दिया जाना चाहिए।
- राजनीतिक कैदियों के पास हर जेल में अपना एक विशेष वार्ड होना चाहिए, जिसमें यूरोपीय कैदियों की तरह हर तरह की

सुविधा उपलब्ध कराई जानी चाहिए और एक जेल में सभी राजनीतिक कैदियों को एक वार्ड में साथ रखा जाना चाहिए।

- शौचालय के लिए आवश्यक चीजों को उपलब्ध कराया जाना चाहिए।
- बेहतर कपड़े दिए जाएँ।
- हमने जो माँग की हैं, उसके बारे में हमने ऊपर बता दिया है। वे हर तरह से उचित माँगें हैं। जेल अधिकारियों ने हमें एक दिन बताया कि उच्च अधिकारियों ने हमारी माँगों को मानने से इनकार कर दिया है।

- इसके अलावा, वे कृत्रिम रूप से भोजन कराते समय हमसे बहुत सख्ती से व्यवहार करते हैं। भगत सिंह 10 जून, 1929 को लगभग 15 मिनट तक जबरन खिलाने के बाद बेहोश पड़े हुए थे, जिसे हम बिना किसी और देरी के बंद करने का अनुरोध करते हैं।
- इसके अलावा, हमें यू.पी. जेल समिति में पं. जगत नारायण और के.बी. हाफिज हिदायत हुसैन द्वारा की गई सिफारिशों को संदर्भित करने की अनुमति दी जानी चाहिए। उन्होंने राजनीतिक कैदियों को 'बेहतर वर्ग के कैदियों' के रूप में व्यवहार करने की सिफारिश की है। हम आपसे अनुरोध करते हैं कि कृपया

समय निकालकर हमारी माँगों पर जल्द-से-जल्द विचार करें।

'राजनीतिक कैदियों' से हमारा तात्पर्य उन सभी लोगों से है, जिन्हें राज्य के विरुद्ध अपराधों के लिए दोषी ठहराया गया है। उदाहरण के लिए, 1915-17 के लाहौर षड्यंत्र मामलों, काकोरी षड्यंत्र के मामले और सामान्य तौर पर दंड के मामले में दोषी ठहराए गए लोग।

आपका

**भगत सिंह**

**बी.के. दत्त**

□

# पंजाब मियाँवाली जेल के आई.जी. (जेल) को पत्र

*17 जून, 1929*

सेवा में,

महानिरीक्षक (जेल)

पंजाब जेल

श्रीमान,

इस तथ्य के बावजूद कि मुझ पर सांडर्स शूटिंग मामले में गिरफ्तार अन्य युवकों के साथ मुकदमा चलाया जाएगा, मुझे दिल्ली से मियाँवाली जेल स्थानांतरित कर दिया गया है। मामले की सुनवाई 26 जून, 1929 से शुरू होनी है। मैं इस तरह के स्थानांतरण के पीछे के तर्क को समझने में पूरी तरह असमर्थ हूँ। जो कुछ भी हो, न्याय यही है कि हर अभियुक्त को वह सभी सुविधाएँ दी जानी चाहिए, जो उसे केस तैयार करने और उसे लड़ने में मदद करती हैं। मैं यहाँ रहते हुए किसी भी वकील को कैसे नियुक्त कर सकता हूँ? मेरे लिए अपने पिता और अन्य रिश्तेदारों के साथ संपर्क बनाए रखना भी मुश्किल है। यह स्थान काफी सुनसान है, मार्ग परेशानी भरा है और यह लाहौर से बहुत दूर स्थित है।

मैं आपसे अनुरोध करता हूँ कि आप मेरा तत्काल स्थानांतरण लाहौर सेंट्रल जेल में करने का आदेश दें, ताकि मुझे अपना केस तैयार करने का अवसर मिले।

मुझे उम्मीद है कि इस पर जल्द-से-जल्द विचार किया जाएगा।

भवदीय

**भगत सिंह**

□

# पंजाब के छात्रों के लिए संदेश

'दूसरा पंजाब छात्र सम्मेलन' 19 अक्तूबर, 1929 को सुभाष चंद्र बोस की अध्यक्षता में लाहौर में आयोजित किया गया था। भगत सिंह ने यह संदेश भेजा कि छात्रों को 1930-31 के इस आंदोलन में तन-मन-धन से भाग लेना है और देश के सुदूर कोनों में क्रांति के संदेश को ले जाना है। इसे संयुक्त रूप से बी.के. दत्त के साथ हस्ताक्षरित किया गया था।

## कामरेड ( साथी )

आज हम युवाओं को पिस्तौल और बम लेने के लिए नहीं कह सकते। आज छात्रों को कहीं अधिक महत्त्वपूर्ण कार्य सौंपा गया है। आनेवाले लाहौर अधिवेशन में कांग्रेस देश की स्वतंत्रता के लिए और भयंकर युद्ध का आह्वान करेगी। राष्ट्र के इतिहास में इस कठिन समय में युवाओं को एक बड़ी जिम्मेदारी उठानी होगी। यह सच है कि छात्रों ने स्वतंत्रता के लिए संघर्ष में मुख्य पदों पर मृत्यु का सामना किया है। क्या वे इस बार अपनी उसी दृढ़ता और आत्मविश्वास को साबित करने में संकोच करेंगे ? युवाओं को इस क्रांतिकारी संदेश को देश के कोने-कोने तक फैलाना होगा।

उन्हें औद्योगिक क्षेत्रों में रहनेवाले करोड़ों झुग्गीवासियों और टूटी झोंपड़ियों में रहनेवाले ग्रामीणों को जाग्रत् करना होगा, ताकि हम स्वतंत्र

हो सकें और मनुष्य द्वारा मनुष्य का शोषण करना असंभव हो जाए। पंजाब को राजनीतिक रूप से भी पिछड़ा माना जाता है। यह भी युवाओं की जिम्मेदारी है। शहीद यतींद्रनाथ दास से प्रेरणा लेते हुए और देश के लिए असीम श्रद्धा के साथ उन्हें यह साबित करना होगा कि वे स्वतंत्रता के लिए इस संघर्ष में दृढ़ संकल्प के साथ लड़ सकते हैं। □

# आत्महत्या के संबंध में सुखदेव को पत्र (1930)

भगत सिंह द्वारा सुखदेव की चिट्ठी के जवाब में कि अगर उन्हें (सुखदेव) मौत की सजा न देकर आजीवन कारावास की सजा दी जाती है तो वह आत्महत्या कर लेंगे, भगत सिंह ने यह पत्र लिखा था—

प्रिय भाई,

मैंने तुम्हारे पत्र को ध्यान से और कई बार पढ़ा है। मुझे अहसास हुआ कि बदली स्थिति ने हमें अलग तरह से प्रभावित किया है। जिन चीजों से तुम्हें बाहर घृणा थी, वे अब तुम्हारे लिए आवश्यक हो गई हैं। उसी तरह जिन चीजों का मैं दृढ़ता से समर्थन करता था, उनका अब मेरे लिए कोई मोल नहीं रह गया है। उदाहरण के लिए, मैं व्यक्तिगत प्रेम में विश्वास करता था, लेकिन अब इस भावना का मेरे दिल और दिमाग में कोई स्थान नहीं है। बाहर रहते हुए, आप इसके प्रबल विरोधी थे, लेकिन अब इसके बारे में

आपके विचारों में भारी बदलाव आया है और कट्टरता स्पष्ट दिखाई दे रही है। आप इसे मानव अस्तित्व के एक अत्यंत आवश्यक हिस्से के रूप में अनुभव करते हैं और आपको इस अनुभव में एक विशेष प्रकार की खुशी मिलती है।

आप अभी भी उस एक दिन को याद कर सकते हैं, जब तुम्हारे साथ आत्महत्या पर चर्चा की थी। उस समय मैंने आपको बताया था कि कुछ परिस्थितियों में आत्महत्या न्यायसंगत हो सकती है, लेकिन तुमने मेरे विचार का विरोध किया था। मुझे स्पष्ट रूप से हमारी बातचीत का समय और स्थान याद है। हमने एक शाम शहंशाही कुटिया में इस बारे में बात की थी। तुमने मजाक में कहा था कि ऐसे कायरतापूर्ण कृत्य को कभी भी उचित नहीं ठहराया जा सकता। तुमने कहा कि इस तरह का कृत्य भयानक और जघन्य था, लेकिन मैं देख रहा हूँ कि तुमने अब इस विषय पर अपना रुख बदल दिया है।

अब तुम इसे न केवल कुछ स्थितियों में उचित समझते हो, बल्कि आवश्यक और अति आवश्यक भी। मेरी राय वह है जो पहले तुम्हारी धारणा थी कि आत्महत्या एक जघन्य अपराध है। यह पूर्ण कायरता का कार्य है। अकेले क्रांतिकारियों को छोड़ दें, कोई भी व्यक्ति इस तरह के कृत्य को कभी भी सही नहीं ठहरा सकता।

तुम कहते हो कि तुम यह समझने में विफल हो कि अकेले पीड़ित होकर देश की सेवा कैसे कर सकते हैं? तुम जैसे व्यक्ति से ऐसा सवाल वास्तव में हैरान करनेवाला है, क्योंकि हम 'नौजवान भारत सभा' के आदर्श वाक्य को कितना सोच-समझकर पसंद करते थे—'सेवा के माध्यम से पीड़ित होना और बलिदान देना।' मेरा मानना है कि तुमने जितना संभव था, उतनी सेवा की। अब वह समय है जब तुमने जो किया था, उसके लिए पीड़ा झेलनी है। दूसरा बिंदु यह है कि यह ठीक वही

क्षण है, जब तुम्हें सभी लोगों का नेतृत्व करना है।

मनुष्य केवल तभी कार्य करता है जब वह अपने कार्य के औचित्य के बारे में सुनिश्चित हो, जैसेकि हमने विधानसभा में बम फेंका था। काररवाई के बाद उस कार्य के परिणाम को भुगतने का समय है। आपको क्या लगता है कि यदि हमने दया करने की दलील देकर सजा से बचने की कोशिश की होती तो हम अधिक न्यायसंगत होते? नहीं, इसका जनसाधारण पर प्रतिकूल प्रभाव पड़ता। अब हम अपने प्रयास में काफी हद तक सफल हुए हैं।

हमारे कारावास के समय हमारी पार्टी के राजनीतिक कैदियों की स्थिति बहुत दयनीय थी। हमने उसमें सुधार करने की कोशिश की। मैं बहुत गंभीरता से तुम्हें कहता हूँ कि हमें विश्वास था कि हम बहुत जल्द मारे जाएँगे। न तो हमें जबरन खिलाने की तकनीक के बारे में पता था और न ही हमने कभी इसके बारे में सोचा था। हम मरने के लिए तैयार थे। क्या तुम्हारे कहने का मतलब यह है कि हम आत्महत्या करना चाहते थे? नहीं। श्रेष्ठ कार्य के लिए भूख हड़ताल करना और अपना जीवन बलिदान करना कभी भी आत्महत्या नहीं कहा जा सकता है। हम अपने साथी यतींद्रनाथ दास की मृत्यु से ईर्ष्या करते हैं। क्या आप इसे आत्महत्या कहेंगे? अंततः हमारे कष्टों का लाभ हुआ है। पूरे देश में एक बड़ा आंदोलन शुरू हुआ है। हम अपने उद्‌देश्य में सफल रहे हैं। इस तरह के संघर्ष में होनेवाली मौत एक आदर्श मौत है।

इसके अलावा हमारे बीच के साथी, जो मानते हैं कि उन्हें मौत की सजा दी जाएगी, उन्हें उस दिन का धैर्य से इंतजार करना चाहिए, जब सजा का ऐलान होगा और उन्हें फाँसी दी जाएगी। यह मृत्यु भी सुंदर होगी, लेकिन आत्महत्या करना (केवल थोड़े दर्द से बचने के लिए जीवन को कम करना) कायरता है। मैं तुम्हें बताना चाहता हूँ कि बाधाएँ

मनुष्य को बेहतर बनाती हैं। न तो तुम और न ही मैं, न ही हममें से किसी ने अभी तक कोई दर्द सहा है। हमारे जीवन का वह हिस्सा अभी सिर्फ शुरू हुआ है। आप याद करेंगे कि हमने रूसी साहित्य में यथार्थवाद के बारे में कई बार बात की है, जो हमारे अंदर कहीं भी नहीं है। हम उनकी कहानियों में दर्द की स्थितियों की बहुत सराहना करते हैं, लेकिन हम खुद के भीतर दु:ख सहने की उस भावना को महसूस नहीं करते हैं। हम उनके जुनून और उनके चरित्र की असाधारण ऊँचाई की भी प्रशंसा करते हैं, लेकिन हम कभी भी इसका कारण जानने की जहमत नहीं उठाते। मैं केवल यही कहूँगा कि केवल दर्द सहन करने के उनके संकल्प के संदर्भ ने तीव्रता से दर्द की पीड़ा का निर्माण किया है और इससे उनके चरित्र तथा साहित्य को बहुत गहराई और ऊँचाई मिली है। जब हम बिना किसी प्राकृतिक या पर्याप्त आधार के अपने जीवन में एक अनुचित रहस्यवाद को आत्मसात् कर लेते हैं तो हम दयनीय और हास्यास्पद हो जाते हैं। हमारे जैसे लोग, जो हर मायने में क्रांतिकारी होने पर गर्व करते हैं, हमें उन सभी कठिनाइयों, चिंताओं, दर्द और पीड़ाओं को सहन करने के लिए हमेशा तैयार रहना चाहिए, जिन्हें हम अपने द्वारा शुरू किए गए संघर्षों में खुद को आमंत्रित करते हैं और जिसके लिए हम खुद को क्रांतिकारी कहते हैं।

मैं आपको बताना चाहता हूँ कि जेल में और अकेले जेल में, क्या किसी व्यक्ति को अनुभवजन्य रूप से अपराध और पाप के महान् सामाजिक विषयों का अध्ययन करने का अवसर मिल सकता है। मैंने इस पर कुछ साहित्य पढ़ा है और इन सभी विषयों पर स्वाध्याय के लिए केवल जेल ही उचित स्थान है। किसी के लिए स्व-अध्ययन का सबसे अच्छा हिस्सा स्वयं को पीड़ित करना है।

तुम जानते हो कि रूस की जेलों में राजनीतिक कैदियों की पीड़ा

ही मुख्य कारण थी, मुख्य रूप से जिसकी वजह से जारडम के उखाड़ फेंके जाने के बाद जेल-प्रशासन में क्रांति आई थी। क्या भारत को ऐसे लोगों की आवश्यकता नहीं है, जो इस समस्या से पूरी तरह अवगत हैं और जिन्हें इन चीजों का व्यक्तिगत अनुभव हो? यह कहना पर्याप्त नहीं होगा कि कोई और ऐसा करेगा या यह करने के लिए कई अन्य लोग हैं? इसलिए जो लोग क्रांतिकारी जिम्मेदारियों को दूसरों पर छोड़ना बहुत अपमानजनक और घृणित महसूस करते हैं, उन्हें मौजूदा व्यवस्था के खिलाफ अपने संघर्ष को पूरी निष्ठा के साथ शुरू करना चाहिए। उन्हें इन नियमों का उल्लंघन करना चाहिए, लेकिन उन्हें शिष्टाचार को भी ध्यान में रखना चाहिए, क्योंकि अनावश्यक और अनुचित प्रयासों को कभी भी उचित नहीं ठहराया जा सकता है। इस तरह के आंदोलन क्रांति की प्रक्रिया को छोटा कर देंगे। ऐसे तमाम आंदोलनों से खुद को अलग रखने के लिए तुमने जो तर्क दिए, वे मेरे लिए बेईमानी है। हमारे कुछ दोस्त या तो मूर्ख हैं या अज्ञानी हैं।

वे आपके व्यवहार को काफी अजीब और समझ से परे पाते हैं। (वे स्वयं कहते हैं कि वे इसे समझ नहीं सकते हैं, क्योंकि तुम उनकी समझ से बहुत परे हो।)

हालाँकि यदि तुम्हें लगता है कि जेल का जीवन वास्तव में अपमानजनक है तो तुम आंदोलन करके इसे बेहतर बनाने की कोशिश क्यों नहीं करते हो? शायद तुम कहोगे कि यह संघर्ष निरर्थक होगा, लेकिन यह ठीक वही तर्क है, जो आमतौर पर हर आंदोलन में भागीदारी से बचने के लिए कमजोर लोगों द्वारा स्वयं को कवर करने के लिए उपयोग किया जाता है। यह वह उत्तर है, जो हम क्रांतिकारी आंदोलनों में हिस्सा लेने से बचने के लिए उत्सुक लोगों से जेल के बाहर सुनते रहे। क्या अब मैं वही तर्क तुमसे सुनूँगा? मुट्ठी भर लोगों की हमारी पार्टी

अपने उद्‌देश्यों और आदर्शों की विशालता की तुलना में क्या कर सकती है ? क्या हम इस बात से यह अनुमान लगा सकते हैं कि हमने अपना काम पुनः पूरी तरह से शुरू करने में गलती की है ? नहीं, इस तरह के निष्कर्ष अनुचित होंगे। यह केवल उस आदमी की आंतरिक कमजोरी को दरशाता है, जो इस तरह से सोचता है। तुम आगे लिखते हो कि एक आदमी से यह उम्मीद नहीं की जा सकती है कि जेल में 14 साल की पीड़ा से गुजरने के बाद उसकी वही सोच होगी, जो उसकी पहले थी, क्योंकि जेल की जिंदगी उसके सारे विचारों को कुचल देगी। क्या मैं तुमसे पूछ सकता हूँ कि क्या जेल के बाहर की स्थिति हमारे विचारों के अनुकूल थी ? फिर भी, क्या हम अपनी असफलताओं के कारण इसे छोड़ सकते थे ? क्या आपका मतलब यह है कि यदि हम मैदान में नहीं उतरे होते, तो क्या कोई भी क्रांतिकारी काम नहीं हुआ होता ? यदि यह तुम्हारी सोच है तो तुम गलत हो, हालाँकि यह सही है कि हम भी परिस्थिति को बदलने में एक हद तक मददगार साबित हुए हैं। लेकिन हम केवल हमारे समय की जरूरत का उत्पाद हैं।

मैं यह भी कहूँगा कि मार्क्स (साम्यवाद के जनक) ने वास्तव में इस विचार की उत्पत्ति नहीं की थी। यूरोप की औद्योगिक क्रांति ने स्वयं इस प्रकार के पुरुषों को जन्म दिया। मार्क्स उनमें से एक थे। बेशक मार्क्स भी एक खास तरीके से अपने समय के पहिए को आगे बढ़ाने में एक हद तक महत्त्वपूर्ण थे।

मैंने (और तुमने भी) इस देश में समाजवाद और साम्यवाद के विचारों को जन्म नहीं दिया है; यह हमारे समय और स्वयं पर स्थितियों के प्रभाव का परिणाम है। निश्चित रूप से हमने इन विचारों को प्रचारित करने के लिए थोड़ा सा काम किया है और इसलिए मैं कहता हूँ कि चूँकि हमने पहले ही अपने ऊपर यह कठिन कार्य ले लिया है, इसलिए

हमें इसे आगे भी जारी रखना चाहिए। कठिनाइयों से बचने के लिए हमारी आत्महत्याओं से लोग प्रेरणा नहीं लेंगे; बल्कि इसके विपरीत, यह काफी प्रतिक्रियात्मक कदम होगा।

हमने जेल के नियमों द्वारा थोपी गई निराशाओं, दबावों और हिंसा के समय पर भी अपना काम जारी रखा। जब हमने काम किया तो हमें कई प्रकार की कठिनाइयों का सामना करना पड़ा। यहाँ तक कि वे लोग, जो खुद को महान् क्रांतिकारी घोषित करने में गर्व महसूस करते थे, उन्होंने हमारा साथ छोड़ दिया। क्या ये स्थितियाँ गंभीर परीक्षण से कम नहीं थीं? फिर, हमारे आंदोलन और प्रयासों को जारी रखने का कारण और तर्क क्या था?

क्या यह सरल तर्क स्वयं हमारे विचारों को शक्ति नहीं देता है? और क्या हमारे पास हमारे क्रांतिकारी साथियों के उदाहरण नहीं हैं, जो जेलों में अपनी सजा के दौरान सताए गए हैं और अभी भी जेलों से लौटने पर काम कर रहे हैं? अगर तुम्हारी तरह बैकुंठ ने तर्क दिया होता तो उसने शुरुआत में ही आत्महत्या कर ली होती! आज तुम रूसी राज्य में जिम्मेदार पदों पर कई क्रांतिकारियों को पाते हो, जिन्होंने अपने जीवन के बड़े हिस्से को जेल में अपनी सजा पूरी करने में गुजारा था। मनुष्य को अपने विश्वास पर टिके रहने के लिए कठिन प्रयास करने चाहिए। कोई नहीं बता सकता है कि भविष्य में क्या है?

क्या तुम्हें याद है कि जब हम इस बात पर चर्चा कर रहे थे कि कुछ घुलनशील और प्रभावी जहर हमारे बम कारखानों में भी रखे जाने चाहिए, तो इसका तुमने बहुत ही सख्ती से विरोध किया था? यह विचार तुम्हारे लिए दमनकारी था। तुम्हें इसमें कोई विश्वास नहीं था। तो अब क्या हो गया है? यहाँ तो कठिन और जटिल परिस्थितियाँ भी नहीं हैं। मुझे इस प्रश्न पर चर्चा करने में भी तकलीफ महसूस हो रही है। तुम्हें तो

उस मनोवृत्ति से भी नफरत थी, जो आत्महत्या की अनुमति देती है। तुम मुझे यह कहने के लिए क्षमा करना—यदि तुमने इसी जज्बे से उस समय कार्य किया होता, जब तुम्हें कारावास (यानी कि उस समय जहर खाकर आत्महत्या कर ली होती) ले जाया जा रहा था तो तुमने क्रांतिकारी कारण के लिए कार्य किया होता, लेकिन इस समय इस तरह के कार्य के बारे में सोचना भी हमारे उद्देश्य के लिए हानिकारक है।

बस एक और बात है, जिस पर मैं तुम्हारा ध्यान आकर्षित करना चाहूँगा। हम ईश्वर, नरक और स्वर्ग, दंड और पुरस्कार, जोकि मानव जीवन के किसी भी ईश्वरीय खाते में है, पर विश्वास नहीं करते हैं। इसलिए हमें भौतिकवादी तर्ज पर जीवन और मृत्यु के बारे में सोचना चाहिए। जब मुझे पहचान के उद्देश्य से दिल्ली से यहाँ लाया गया तो कुछ खुफिया अधिकारियों ने मेरे पिता की उपस्थिति में इस विषय पर मुझसे बात की। उन्होंने कहा कि चूँकि मैंने अपने जीवन को बचाने के लिए किसी भी राज को खोलने की कोशिश नहीं की, इसलिए मेरे जीवन में मुझे यह दर्द झेलना पड़ा है। उनका तर्क था कि इस तरह की मौत आत्महत्या जैसी ही कुछ होगी।

लेकिन मैंने जवाब दिया था कि मेरे जैसा विश्वास और आदर्शवाला आदमी कभी भी बेकार में मरने के बारे में नहीं सोच सकता। हम अपने जीवन का अधिकतम मूल्य प्राप्त करना चाहते हैं। हम जितना संभव हो, मानवता की सेवा करना चाहते हैं। विशेष रूप से मेरे जैसा आदमी, जिसका जीवन कहीं भी उदास या चिंतित नहीं है, वह कभी भी आत्महत्या के बारे में नहीं सोच सकता है, इसका प्रयास करना तो दूर की बात है। वही बात अब मैं तुम्हें बताना चाहता हूँ।

मुझे आशा है कि तुम मुझे यह बताने की अनुमति दोगे कि मैं तुम्हारे बारे में क्या सोचता हूँ? मुझे पूरा यकीन है कि मुझे मृत्युदंड की सजा

दी जाएगी। मैं थोड़ी भी दया या माफी की उम्मीद नहीं करता हूँ। यहाँ तक कि अगर माफी की गुंजाइश हो तो यह सभी के लिए नहीं होगी और यहाँ तक कि माफी केवल अन्य के लिए होगी, हमारे लिए नहीं; यह अधिकाधिक रूप से अत्यंत सीमित होगी तथा इसके लिए कई शर्तें तय की गई होंगी। हमारे लिए न तो कोई माफी हो सकती है और न ही यह कभी होगा। फिर भी, मेरी इच्छा है कि हमारे लिए रिहाई की माँग संयुक्त रूप से और वैश्विक स्तर पर की जानी चाहिए।

इसी के साथ ही मैं यह भी चाहता हूँ कि जब आंदोलन अपने चरमोत्कर्ष पर पहुँचे तो हमें फाँसी पर लटका देना चाहिए। यह मेरी इच्छा है कि अगर किसी भी समय कोई भी सम्मानजनक और उचित समझौता संभव है तो हमारे मामले जैसा विषय इसे कभी भी बाधित नहीं करे। जब देश के भाग्य का फैसला किया जा रहा हो तो व्यक्तियों के भाग्य को भूल जाना चाहिए। क्रांतिकारियों के रूप में हम यह नहीं मानते हैं कि हमारे शासकों के रवैए में अचानक कोई परिवर्तन हो सकता है, विशेषकर ब्रिटिश प्रजाति में। निरंतर कड़े प्रयास, कष्ट और बलिदान के बिना ऐसा आश्चर्यजनक परिवर्तन असंभव है। मगर इसे हासिल किया जाएगा। जहाँ तक मेरे रवैए का सवाल है, मैं सभी के लिए सुविधाओं और माफी का स्वागत कर सकता हूँ, बशर्ते इसका प्रभाव स्थायी हो और हमें फाँसी पर लटकाए जाने के कारण देश के लोगों के दिलों पर कोई अमिट छाप पड़े, केवल इतना ही और कुछ नहीं। □

# अदालत में जाने से इनकार करना

भगत सिंह और उनके साथियों की दूसरी भूख हड़ताल सरकार द्वारा दिए गए आश्वासन पर इक्कीस दिनों के बाद समाप्त कर दी गई थी। लेकिन कई छोटी-छोटी समस्याएँ और शिकायतें थीं, जिन्हें सुनने के लिए मजिस्ट्रेट तैयार नहीं थे, इसलिए अभियुक्तों ने अदालत में उपस्थित होने से इनकार कर दिया। लाहौर के एक एंग्लो-इंडियन दैनिक अखबार 'द सिविल ऐंड मिलिटरी गैजेट' ने टिप्पणी की कि अभियुक्तों ने ब्रिटिश अदालत का बहिष्कार किया था। भगत सिंह ने इसका खंडन किया और अदालत में उपस्थित होने से इनकार करने के कारणों को विस्तार से बताया—

## अदालत में जाने से इनकार करना

श्रीमान मजिस्ट्रेट

4 फरवरी, 1930 के आपके ऑर्डर को पढ़ने के बाद, जो 'द सिविल ऐंड मिलिटरी गैजेट' में प्रकाशित हुआ था, यह आवश्यक प्रतीत होता है कि हम आपको न्यायालय के बहिष्कार का कारण बताएँ।

यह कहना गलत है कि हमने ब्रिटिश सरकार के न्यायालयों का बहिष्कार किया है। आज हम श्री लुइस की अदालत में जा रहे हैं, जो हमारे खिलाफ जेल अधिनियम की धारा-22 के तहत शुरू किए गए मामले की सुनवाई कर रहे हैं। हमने आपके समक्ष अपनी जमानत अर्जी में अपनी समस्याएँ और कठिनाइयाँ प्रस्तुत की थीं, लेकिन इन पर अभी भी विचार नहीं किया गया है।

हमारे साथी, जिन पर मुकदमा चल रहा है, वे देश के विभिन्न और दूर-दराज के कोनों से हैं। इसलिए उन्हें अपने शुभचिंतकों और हमदर्दों से मिलने की सुविधा दी जानी चाहिए। श्री बी.के. दत्त ने मिस लज्जावती से मिलने के लिए एक आवेदन किया था और श्री कमलनाथ तिवारी भी किसी से मिलना चाहते थे, जो न तो उनके रिश्तेदार थे और न ही उनके वकील। आज्ञा मिलने के बावजूद भी उन्हें मिलने की अनुमति नहीं दी गई। इससे यह बिल्कुल स्पष्ट है कि काररवाई के दौरान उन्हें अपने बचाव के लिए सुविधाएँ नहीं दी गईं। यही नहीं, साथी क्रांति कुमार, जो हमारी रक्षा समिति के लिए बहुत उपयोगी काम कर रहे थे और हमें दैनिक उपयोग की चीजें भी मुहैया करा रहे थे, उन्हें मनगढ़ंत आरोप लगाकर कैद कर लिया गया। यह हमारी जानकारी में आया है कि लाहौर से दूर गुरुदासपुर में धारा-124ए के तहत उन पर लगाया गया चटनी अथवा सॉस में गोलियाँ लाने का मनगढ़ंत आरोप साबित नहीं किया जा सका था।

मैं स्वयं पूर्णकालिक वकील नहीं रख सकता, इसलिए मैं चाहता था कि मेरे कुछ विश्वस्त मित्र वहाँ उपस्थित होकर अदालती काररवाई

में भाग लें, लेकिन उन्हें बिना किसी स्पष्ट कारण के अनुमति देने से मना कर दिया गया और केवल वकील लाला अमरदास को सीट दी गई।

न्याय के नाम पर किए गए इस नाटक को हम कभी पसंद नहीं कर सकते, क्योंकि हमें अपना बचाव करने के लिए कोई सुविधा या लाभ नहीं मिलता है। एक और गंभीर शिकायत अखबारों को उपलब्ध न कराए जाने के खिलाफ है। विचाराधीन कैदियों से सजायाफ्ता कैदियों की तरह व्यवहार नहीं किया जा सकता है। हमें नियमित रूप से कम-से-कम एक अखबार दिया जाना चाहिए। हम उन लोगों के लिए भी एक अखबार चाहते हैं, जो अंग्रेजी नहीं जानते हैं। इसलिए विरोध के रूप में हम अंग्रेजी का दैनिक अखबार 'ट्रिब्यून' भी लौटा रहे हैं। हमने इन शिकायतों के कारण 29 जनवरी, 1930 को अदालत का बहिष्कार करने का फैसला किया। इन असुविधाओं को दूर करने पर हम काररवाई में फिर से भाग लेना शुरू करेंगे।

आपका

आदि···आदि···

□

# लेनिन की पुण्यतिथि पर टेलिग्राम

21 जनवरी, 1930 को 'लाहौर षड्‍यंत्र केस' के आरोपी अदालत में लाल स्कार्फ पहने दिखाई दिए। जैसे ही मजिस्ट्रेट अपनी कुरसी पर बैठे, उन्होंने 'लॉन्ग लाइव सोशलिस्ट रिवोल्यूशन', 'लॉन्ग लाइव कम्युनिस्ट इंटरनेशनल', 'लॉन्ग लाइव पीपुल', 'लेनिन्स नेम विल नेवर डाई' और 'डाउन विद इंपीरियलिज्म' के नारे लगाए। भगत सिंह ने तब अदालत में इस तार को पढ़ा और मजिस्ट्रेट से इसे तीसरे अंतरराष्ट्रीय को भेजने के लिए कहा।

'लेनिन दिवस' पर हम उन सभी को दिल से शुभकामनाएँ देते हैं, जो महान् लेनिन के विचारों को आगे बढ़ाने के लिए कुछ कर रहे हैं। हम उस महान् प्रयोग की सफलता की कामना करते हैं, जो रूस कर रहा है। हम उस अंतरराष्ट्रीय श्रमिक वर्ग आंदोलन के साथ अपनी आवाज जोड़ रहे हैं। सर्वहारा की जीत होगी। पूँजीवाद की हार होगी। साम्राज्यवाद समाप्त होगा।

□

# भूख-हड़तालियों की माँग पूरी हुई

'लाहौर षड्यंत्र केस' (एल.सी.सी.) के कैदियों ने इस आश्वासन पर अपनी भूख-हड़ताल स्थगित कर दी थी कि भारत सरकार 'जेल समिति' की रिपोर्ट पर विचार कर रही थी और जेल सुधारकों को भूख-हड़ताल में भाग लेने के लिए दंडित किया जाएगा। भूख-हड़ताल स्थगित होने के बाद सरकार ने, हालाँकि देरी करने की रणनीति का सहारा लिया।

Hunger-Strikers' Demands Reiterated (Jan 28, 1930)

उत्तर प्रदेश और पंजाब जेलों (एल.सी.सी. कैदियों के अलावा) में भी भूख-हड़ताल करनेवालों के खिलाफ अनुशासनात्मक काररवाई की गई। इस संबंध में भगत सिंह ने भारत सरकार को यह पत्र लिखा

था, जो भूख-हड़ताल को फिर से शुरू करने के लिए एक नोटिस बनाम अल्टीमेटम के समान था—

गृह सचिव,
भारत सरकार
दिल्ली
वाया
विशेष मजिस्ट्रेट
लाहौर षड्यंत्र केस,
लाहौर

सर,

दिनांक 20 जनवरी, 1930 के हमारे टेलिग्राम के संदर्भ में, निम्नानुसार हमें कोई उत्तर नहीं दिया गया है।

'गृह सदस्य, भारत सरकार। दिल्ली के विचाराधीन कैदियों, लाहौर षड्यंत्र केस और अन्य राजनीतिक कैदियों ने इस आश्वासन पर अनशन को स्थगित कर दिया था कि भारत सरकार 'प्रांतीय जेल समिति' की रिपोर्टों पर विचार कर रही है। सभी सरकारी सम्मेलन समाप्त हो गए हैं, लेकिन अभी तक कोई काररवाई नहीं की गई है। राजनीतिक कैदियों के प्रति असंवेदनशील व्यवहार अभी भी जारी है, इसलिए हम अनुरोध करते हैं कि सरकार हमें एक सप्ताह के भीतर अपना अंतिम फैसला बता दे।' लाहौर षड्यंत्र केस के विचाराधीन कैदी।

जैसाकि उपर्युक्त टेलिग्राम में कहा गया है, हम इस ओर आपका ध्यान लाना चाहते हैं कि पंजाब जेल में कैद लाहौर षड्यंत्र केस के विचाराधीन कैदी और कई अन्य राजनीतिक कैदियों ने 'पंजाब जेल

जाँच समिति' के सदस्यों द्वारा दिए गए इस आश्वासन पर अनशन स्थगित कर दिया गया था कि राजनीतिक कैदियों से व्यवहार का प्रश्न बहुत ही कम समय में हमारी संतुष्टि के अनुसार अंतिम रूप से सुलझा लिया जाएगा। इसके अलावा, हमारे महान् शहीद यतींद्रनाथ दास की मृत्यु के बाद इस मामले को विधान परिषद् में उठाया गया और उसी आश्वासन को सार्वजनिक रूप से सर जेम्स क्रेरर द्वारा भी दिया गया। यह कहा गया कि राजनीतिक कैदियों के प्रति व्यवहार के प्रश्न पर हृदय परिवर्तन हुआ है और सरकार उनके प्रति अत्यंत सहानुभूतिपूर्ण रही है। वे राजनीतिक कैदी, जो अभी भी देश के विभिन्न भागों की जेलों में भूख-हड़ताल पर थे, ने भी अपनी भूख-हड़ताल 'ए.आई.सी.सी.' के द्वारा पारित किए गए इस आशय के प्रस्ताव व उनके अनुरोध पर तथा उनमें से कई कैदियों की गंभीर हालत को देखते हुए स्थगित कर दी है।

तब से सभी स्थानीय सरकारों ने अपनी रिपोर्ट पेश कर दी है। विभिन्न प्रांतों की जेलों के इंस्पेक्टर जनरलों की बैठक लखनऊ में और अखिल भारतीय सरकार सम्मेलन की मंत्रणा का समापन दिल्ली में किया गया है। अखिल भारतीय सम्मेलन पिछले महीने दिसंबर में आयोजित किया गया था। किसी भी अंतिम सिफारिशों को लागू नहीं किया गया। सरकार के इस तरह के ढुल-मुल रवैए से हमें भी आम जनता की भाँति डर लग रहा है कि शायद सवाल टाल दिया गया है। पिछले चार महीनों के दौरान भूख-हड़ताल करनेवालों और अन्य राजनीतिक कैदियों के साथ हुए अव्यावहारिक बरताव से हमारी आशंकाओं को बल मिला है। हमारे लिए उन कठिनाइयों का ब्योरा जानना बहुत मुश्किल है, जिनका राजनीतिक कैदी सामना कर रहे हैं। फिर भी छोटी-छोटी जानकारी, जो जेलों की चारदीवारों से सुनने को मिल रही है, हमें हैरान करने के लिए काफी हैं। हम आगे कुछ

ऐसे उदाहरण दे रहे हैं, जिन्हें हम केवल महसूस कर सकते हैं कि वे सरकार के आश्वासन के अनुरूप नहीं हैं—

(1) श्री बी.के. बनर्जी लाहौर सेंट्रल जेल में दक्षिणेश्वर बम केस के सिलसिले में 5 साल कैद की सजा काट रहे हैं, पिछले साल भूख-हड़ताल में शामिल हुए। अब इसकी सजा के रूप में भूख-हड़ताल की उनकी अवधि के प्रत्येक दिन के लिए उनके द्वारा अर्जित की गई रिहाई में छूट के दो दिनों को रद्द कर दिया गया है। सामान्य परिस्थितियों में उनकी रिहाई पिछले दिसंबर में होनेवाली थी, लेकिन अब यह पूरे चार महीने बाद होगी। इसी जेल में यही सजा लगभग 70 वर्ष की उम्र के बूढ़े बाबा सोहन सिंह को दी गई है, जो अब (प्रथम) लाहौर षड्यंत्र केस के सिलसिले में उम्रकैद की सजा काट रहे हैं। इनके अलावा, अन्य लोगों में, सरदार गोपाल सिंह मियाँवाली जेल में, मास्टर मोटा सिंह रावलपिंडी जेल में कैद हैं, उन्हें भी सामान्य भूख-हड़ताल में शामिल होने के लिए दंडात्मक सजा दी गई है।

इनमें से अधिकांश मामलों में कारावास की अवधि बढ़ाई गई है, जबकि उनमें से कुछ को विशेष वर्ग से हटा दिया गया है।

(2) उसी अपराध के लिए, यानी कि आम भूख-हड़ताल में शामिल होने के लिए शचिंद्रनाथ सान्याल, राम किशन खत्री, सुरेश चंद्र भट्टाचार्य तथा आगरा सेंट्रल जेल में कैद राज कुमार सिन्हा, शचिंद्रनाथ बख्शी, मन्मथ नाथ गुप्ता और कई अन्य काकोरी केस के कैदियों को कड़ी सजा दी गई है। यह विश्वसनीय रूप से पता चला है कि श्री सान्याल को डंडा-

बेड़ी और एकांत सेल कारावास दिया गया था और इसके परिणामस्वरूप उनके वजन व स्वास्थ्य में गिरावट आई है। उनका वजन अठारह पाउंड कम हो गया है। श्री भट्टाचार्य के टीबी से पीड़ित होने की सूचना मिली है। तीन बरेली जेल कैदियों को भी सजा दी गई है। यह पता चला है कि उनके सभी विशेषाधिकार वापस ले लिये गए हैं। यहाँ तक कि संबंधियों के साथ मिलने और उनके साथ सूचनाओं के आदान-प्रदान करने का उनका सामान्य अधिकार भी समाप्त कर दिया गया है। उन सभी का वजन काफी कम हो गया है। इस संबंध में दो प्रेस वक्तव्य पं. जवाहरलाल नेहरू द्वारा सितंबर 1929 और जनवरी 1930 में जारी किए गए हैं।

(3) भूख-हड़ताल के संबंध में ए.आई.सी.सी. का प्रस्ताव पारित होने के बाद उसकी प्रतियाँ, जो विभिन्न राजनीतिक कैदियों को भेजी गई थीं, जेल अधिकारियों द्वारा जब्त कर ली गई थीं। इसके अलावा, सरकार ने इस संबंध में कांग्रेस के नियुक्त प्रतिनिधि को कैदियों से मिलने से इनकार कर दिया।

(4) उच्च पुलिस अधिकारियों के आदेश पर 23 और 24 अक्तूबर, 1929 को 'लाहौर षड्यंत्र' मामले के विचाराधीन कैदियों पर क्रूरतापूर्वक हमला किया गया। पूर्ण विवरण प्रेस में छापा गया। विशेष मजिस्ट्रेट, पं. श्री कृष्णन द्वारा दर्ज हम में से एक के बयान की प्रति 16 दिसंबर, 1929 को आपको भेजी गई थी, लेकिन न तो पंजाब सरकार ने और न ही भारत सरकार ने जवाब देने या इसकी प्राप्ति की रसीद देने की आवश्यकता महसूस की, जिसमें हमने जाँच के लिए प्रार्थना की थी, हालाँकि दूसरी ओर, स्थानीय सरकार ने 'हिंसक

प्रतिरोध' की पेशकश के लिए इसी घटना के संबंध में हमारे खिलाफ मुकदमा चलाने की अनिवार्यता महसूस की।

(5) दिसंबर 1929 के अंतिम सप्ताह में श्री किरण चंद्र दास और आठ अन्य, जो लाहौर बोरस्टल जेल में कैद थे, जब उन्हें मजिस्ट्रेट की अदालत में ले जाया गया और पेश किया गया तो उस समय पंजाब जेल जाँच कमेटी तथा जेल इंस्पेक्टर-जनरल, पंजाब द्वारा सर्वसम्मत सिफारिशों का उल्लंघन करते हुए उन कैदियों को हथकड़ी और जंजीरों में जकड़कर लाया गया। यह उल्लेखनीय है कि ये विचाराधीन कैदी थे, जिन्होंने जमानती अपराध किए थे। इस संबंध में डॉ. मोहम्मद असलम, लाहौर के लाला दुनी चंद और अंबाला के लाला दुनी चंद द्वारा जारी लंबे बयान 'ट्रिब्यून' में प्रकाशित हुए थे।

जब हमने इसे और राजनीतिक कैदियों की अन्य पीड़ाओं को जाना, तो हमने अपनी भूख-हड़ताल फिर से शुरू करने से परहेज किया, हालाँकि हम बहुत दुःखी थे, क्योंकि हमें लगा था कि मामला आखिरकार जल्द ही सुलझ जाएगा; लेकिन उपरोक्त उदाहरणों के प्रकाश में, क्या अब हम यह मान लें कि भूख-हड़ताल करनेवालों की अनकही पीड़ा और जतिन दास द्वारा किया गया सर्वोच्च बलिदान सब व्यर्थ हो गया है? क्या हम समझ लें कि सरकार ने वह आश्वासन केवल जनता के बढ़ते हुए गुस्से को शांत करने और त्वरित संकट को रोकने के लिए ही दिया था? आप हमारे साथ सहमत होंगे, यदि हम कहते हैं कि हमने पर्याप्त समय तक धैर्यपूर्वक प्रतीक्षा की है। लेकिन हम अनिश्चितकाल तक प्रतीक्षा नहीं कर सकते। सरकार अपने कमजोर रवैए और राजनीतिक कैदियों के प्रति असंवेदनशील व्यवहार को जारी रखे हुए है और इसलिए हमारे पास संघर्ष को फिर से शुरू करने के

अलावा और कोई विकल्प नहीं बचा है।

हमें अहसास है कि भूख-हड़ताल पर जाना और इसे जारी रखना कोई आसान काम नहीं है। लेकिन हम इस समय यह भी बता दें कि भारत कई और जतिन और वागीस, रण रक्षा और भान सिंह पैदा कर सकता है। (अंतिम दो लोगों ने 1917 में अंडमान में अपना जीवन-दान दिया था, जिसमें पहले व्यक्ति ने 63 दिनों की भूख-हड़ताल के बाद अंतिम साँस ली, जबकि दूसरे ने चुपचाप पूरे छह महीने तक अमानवीय यातनाओं से गुजरने के बाद महान् नायक की तरह दम तोड़ा।)

राजनीतिक कैदियों के बेहतर इलाज के समर्थन में हमारे द्वारा और जनता (जाँच समिति) के सदस्यों द्वारा बहुत कुछ कहा गया है और इसे दोहराना यहाँ अनावश्यक है। लेकिन हम वर्गीकरण के मामले में आधार और सबसे महत्त्वपूर्ण कारक के रूप में मकसद को शामिल करने के संबंध में कुछ शब्द कहना चाहेंगे। वर्गीकरण के मानदंडों के सवाल पर महान् उपद्रव पैदा किया गया है। हमने पाया कि अलग-अलग प्रांतीय सरकारों द्वारा सुझाए गए मानदंडों से अभी तक मकसद को पूरी तरह से बाहर रखा गया है। यह वास्तव में अजीब रवैया है। मकसद के माध्यम से ही किसी भी काररवाई का वास्तविक मूल्य तय किया जा सकता है। क्या हम यह समझें कि सरकार एक लुटेरे, जो लूटता है और अपने शिकार को मार देता है और एक खड़ग बहादुर, जो खलनायक को मारता है और एक युवा महिला के सम्मान को बचाता है तथा समाज को एक गंदी नाली के कीड़े से बचाता है, दोनों के बीच भेद करने में असमर्थ है ? क्या दोनों से एक ही श्रेणी से संबंधित दो पुरुषों के रूप में व्यवहार किया जाना चाहिए ? क्या एक ही अपराध करनेवाले दो आदमियों के बीच कोई अंतर नहीं है, एक स्वार्थी मकसद से निर्देशित है और दूसरा निस्स्वार्थ भाव से ? इसी तरह,

एक आम हत्यारे और एक राजनीतिक कार्यकर्ता के बीच कोई अंतर नहीं है, भले ही बादवाला व्यक्ति हिंसा का समर्थन करता हो? क्या उनकी निस्स्वार्थ भावना उन्हें आम अपराधियों के बीच से अलग नहीं करती है? इन परिस्थितियों में हम सोचते हैं कि मकसद को वर्गीकरण के मानदंडों में सबसे महत्त्वपूर्ण कारक के रूप में रखा जाना चाहिए।

पिछले साल, हमारी भूख-हड़ताल की शुरुआत में जब डॉ. गोपीचंद और अंबाला के लाला दुनी चंद जैसे जन नेताओं समेत (आखिरी नाम जिनका है, वे पंजाब जेल जाँच समिति की रिपोर्ट में हस्ताक्षरकर्ताओं में से एक थे) इसी बात पर चर्चा करने के लिए हमारे संपर्क में आए और जब उन्होंने हमें बताया कि सरकार ने हिंसक प्रकृति के अपराधों के लिए दोषी ठहराए गए राजनीतिक कैदियों को विशेष श्रेणी के कैदियों के रूप में माना है, तो समझौते के माध्यम से हम इस प्रस्ताव पर सहमत हुए कि उन्हें अलग रखा जाए, जो वास्तव में हत्या के आरोपी हैं। लेकिन बाद में, चर्चा ने एक अलग मोड़ ले लिया और पंजाब जेल जाँच समिति के लिए संदर्भ की शर्तों वाली विज्ञप्ति में मकसद के सवाल को पूरी तरह से बाहर रखा गया। अब वर्गीकरण दो चीजों पर आधारित था—

(1) अपराध की प्रकृति; तथा

(2) 'अपराधी' की सामाजिक स्थिति।

इन मानदंडों ने समस्या को हल करने के बजाय इसे और अधिक जटिल बना दिया।

हम राजनीतिक कैदियों के बीच दो वर्गों को समझ सकते हैं—एक वो, जिन पर अहिंसक अपराधों के लिए आरोप लगाए गए और दूसरे वो, जिन पर हिंसक अपराधों के आरोप हैं। लेकिन फिर पंजाब जेल जाँच समिति की रिपोर्ट में सामाजिक स्थिति के सवाल उठने लगे।

जैसाकि चौधरी अफजल हक ने इस रिपोर्ट से असंतुष्ट हो, अपने नोट में बताया और सही बताया कि उन राजनीतिक कार्यकर्ताओं का क्या हश्र होगा, जो आजादी के कारणों में अपनी मानद सेवाओं के कारण कंगाली की स्थिति तक आ गए हैं? क्या उन्हें मजिस्ट्रेट की दया पर छोड़ दिया जाए, जो हर किसी को एक साधारण अपराधी के रूप में वर्गीकृत करके अपनी वफादारी को साबित करने की कोशिश करेंगे? या यह उम्मीद की जा सकती है कि गैर-सहयोगी जेल में बेहतर व्यवहार के लिए उन लोगों से भीख माँगेगा, जिनके खिलाफ वह लड़ रहा है? क्या यह असंतोष के कारणों को दूर करने या उन्हें और बढ़ाने का तरीका है? यह तर्क दिया जा सकता है कि जेल के बाहर रहनेवाले लोगों को जेल के अंदर विलासिता की उम्मीद नहीं करनी चाहिए, जब उन्हें सजा के उद्देश्य से हिरासत में लिया गया है। लेकिन क्या जिन सुधारों की माँग की गई है, वे विलासिता की प्रकृति के हैं? क्या वे जीवन की सबसे सामान्य मानक के अनुसार जीवन की मूलभूत आवश्यकताएँ नहीं हैं? इन सभी सुविधाओं के बावजूद, जिनकी संभवत: माँग की जा सकती हैं, जेल तब भी जेल ही रहेगा। जेल में ऐसी कोई चुंबकीय शक्ति नहीं होती है और न कभी हो सकती है, जो बाहर से लोगों को आकर्षित कर सके। कोई भी बस जेल में आने के लिए अपराध नहीं करेगा। इसके अलावा, क्या हम यह कहने का साहस कर सकते हैं कि यह किसी भी सरकार की ओर से सबसे वाहियात तर्क है कि उसके नागरिकों को उस हद तक विनाश के लिए प्रेरित किया गया है कि उनका जीवन स्तर जेलों की तुलना में और कम हो गया है? क्या इस तरह का तर्क उस सरकार के अस्तित्व के अधिकार के मूल को ही समाप्त नहीं करता है? फिर भी, हम इस समय इस बारे में चिंतित नहीं हैं। हम जो कहना चाहते हैं, वह

यह है कि प्रचलित असंतोष को दूर करने का सबसे अच्छा तरीका है—राजनीतिक कैदियों को एक अलग वर्ग में वर्गीकृत करना, जिसे आगे चलकर अगर जरूरत पड़ती है तो दो वर्गों में विभाजित किया जा सकता है—एक वे, जो अहिंसक अपराधों के दोषी हैं और दूसरे वे, जिनके अपराधों में हिंसा शामिल है। इस तरह मकसद निर्णायक कारकों में से एक बन जाएगा। कहने का मतलब है कि राजनीतिक मामलों में मकसद का पता नहीं लगाया जा सकता है। ऐसा क्या है, जो आज जेल अधिकारियों को 'राजनीतिक' को सामान्य विशेषाधिकार से भी वंचित रखने की सलाह देता है? ऐसा क्या है, जो उन्हें विशेष ग्रेड या 'नंबरदारी' आदि से वंचित करता है?

ऐसा क्या है, जो अधिकारियों को उन्हें अलग रखने और अन्य सभी कैदियों से अलग करने के लिए कहता है? यही बात वर्गीकरण में भी मदद कर सकती है।

जहाँ तक बात विशेष माँगों की है, हमने पहले ही पंजाब जेल जाँच समिति को अपने ज्ञापन में उन माँगों के प्रति पूर्ण रूप से बता दिया है। हम हालाँकि विशेष रूप से इस बात पर जोर देंगे कि किसी भी राजनीतिक कैदी को, चाहे उसका अपराध कोई भी हो, उसे कोई भी कठोर और अनिर्दिष्ट श्रम नहीं दिया जाना चाहिए, जिसे करने में वह सहज महसूस न करे। उन सभी को एक ही जेल में, यहाँ तक कि एक ही वार्ड में रखा जाना चाहिए। कम-से-कम उन्हें एक स्थानीय या अंग्रेजी में मानक दैनिक समाचार-पत्र दिया जाना चाहिए।

अध्ययन के लिए पूर्ण और उचित सुविधाएँ दी जानी चाहिए। अंत में, उन्हें अपने निजी स्रोतों से आहार और कपड़ों के लिए अपने खर्चों को पूरा करने की अनुमति दी जानी चाहिए।

हम अब भी आशा करते हैं कि सरकार हमसे और जनता से

किए गए अपने वादे को बिना अधिक देरी किए अमल में लाएगी, ताकि भूख-हड़ताल फिर से शुरू करने का एक और अवसर न मिले। जब तक अपने वादे को पूरा करने के लिए सरकार की ओर से कोई निश्चित कदम नहीं उठाया जाता है, तब तक हम अगले सात दिनों के लिए भूख-हड़ताल फिर से शुरू करने के लिए बाध्य हैं।

तुम्हारा, आदि।

भगत सिंह, दत्त और अन्य

दिनांक : 28 जनवरी, 1930

विचाराधीन कैदी, लाहौर षड्यंत्र केस

□

# एल.सी.सी. के संबंध में

LAHORE CONSPIRACY CASE JUDGEMENT

भारत सरकार ने लाहौर षड्यंत्र केस की काररवाई में तेजी लाने के लिए निचली अदालत से मामले को वापस ले लिया और 1930 के एल.सी.सी. अध्यादेश नंबर 3 के रूप में अवगत कराने वाले अध्यादेश को जारी कर दिया। अध्यादेश से लैस सरकार ने तीन उच्च न्यायालयों के जज का विशेष ट्रिब्यूनल नियुक्त किया। इस मामले को उन्हें सौंप दिया। इसे गवाहों से दूर रहने और आरोपियों की अनुपस्थिति में भी मामले को आगे बढ़ाने का अधिकार दिया। गवर्नर-जनरल ने इस कदम को सही ठहराते हुए कहा कि आरोपी बार-बार भूख-हड़ताल का सहारा ले रहे थे और अदालत को मामला आगे बढ़ाने में असंभव बना रहे थे। इस संदर्भ में भगत सिंह ने उनके तर्क को ध्वस्त करने के लिए गवर्नर-जनरल को यह पत्र लिखा था—

## मैं नास्तिक क्यों हूँ?

2 मई, 1930

सेवा में,

महामहिम

भारत के गवर्नर-जनरल

शिमला

सर,

हमारे मामले में तेजी लाने के लिए विशेष अध्यादेश का पूरा पाठ हमें सुनाया गया। ट्रिब्यूनल को पंजाब उच्च न्यायालय के मुख्य न्यायाधीश द्वारा नियुक्त किया गया है। हम इस समाचार का स्वागत करते हैं। हम चुप रह सकते थे, अगर आपने इस मामले में अब तक अपनाए गए हमारे रवैए का हवाला नहीं दिया होता और इस तरह हमारे कंधों पर पूरी जिम्मेदारी डालने की कोशिश की है। वर्तमान स्थिति में हमें लगता है कि अपनी स्थिति स्पष्ट करने के लिए हमें बयान देने की आवश्यकता है।

हम शुरू से ही सरकार को बता रहे हैं कि सरकारी अधिकारी जानबूझकर हमें गलत तरीके से प्रस्तुत करने की कोशिश कर रहे हैं। आखिरकार यह एक लड़ाई है और गलतबयानी हमेशा से ही सरकार के हाथों में अपने दुश्मनों के खिलाफ सबसे अच्छा हथियार रहा है। हम इस तरह की मतलबी रणनीति के खिलाफ बिल्कुल नहीं हैं। हालाँकि कुछ बातें हैं, जिन पर विचार करने की आवश्यकता है, जिस कारण से हम निम्नलिखित विरोध करने के लिए मजबूर हैं—

आपने लाहौर षड्यंत्र अध्यादेश के साथ जारी अपने बयान में हमारी भूख हड़ताल का उल्लेख किया है। जैसाकि आपने स्वयं स्वीकार किया है, हम में से दो ने विशेष मजिस्ट्रेट पं. श्री कृष्णनन की अदालत

में इस मामले की जाँच शुरू होने से हफ्तों पहले भूख-हड़ताल शुरू कर दी थी। इसलिए सामान्य सी बुद्धिवाला कोई भी व्यक्ति यह समझ सकता है कि भूख-हड़ताल का इस मामले से कोई लेना-देना नहीं था। सरकार को इन शिकायतों के अस्तित्व को स्वीकार करना था। जब सरकार ने इस विषय के निपटारे के लिए कुछ व्यवस्था करने की ओर इशारा किया और इसी उद्देश्य के लिए प्रांतीय जेल पूछताछ समितियों को नियुक्त किया गया, हमने भूख-हड़ताल समाप्त कर दी। लेकिन शुरू में हमें सूचित किया गया था कि यह मुद्दा नवंबर तक हल कर लिया जाएगा, फिर इसे दिसंबर तक टाल दिया गया। लेकिन जनवरी भी बीत गई है और इतने समय में कुछ भी ऐसे संकेत नहीं दिए गए, जिससे यह पता चलता कि सरकार इस संबंध में कुछ करने जा भी रही है या नहीं! हममें आशंका हुई कि मामला दबा दिया गया है, इसलिए पूरे एक सप्ताह के नोटिस के बाद 4 फरवरी, 1930 को दूसरी भूख-हड़ताल शुरू की गई। यह तब हुआ कि सरकार ने इस मुद्दे को आखिरकार सुलझाने की कोशिश की। एक विज्ञप्ति प्रकाशित की गई थी और हमने फिर से भूख-हड़ताल समाप्त कर दी तथा इस संबंध में अंतिम निर्णय तक का इंतजार नहीं किया, इसके लागू होने की बात तो दूर की हुई। यह केवल आज ही हमें अहसास हो रहा है कि ब्रिटिश सरकार ने अभी तक इस तरह के सामान्य मामलों में भी झूठ बोलने की नीति को नहीं त्यागा है।

यह विज्ञप्ति विशिष्ट शब्दों में है, लेकिन हम व्यवहार में इसके कुछ विपरीत पाते हैं। चलिए जाने दीजिए, उस सवाल पर चर्चा करने के लिए यह उचित जगह नहीं है; यदि अवसर मिला तो हो सकता है कि हमें इससे बाद में निपटना पड़े। लेकिन यहाँ हम जिस बात पर जोर देना चाहते हैं, वह यह है कि भूख-हड़ताल को कभी भी अदालत

की काररवाई के खिलाफ निर्देशित नहीं किया गया था। ऐसे बड़े कष्टों को आमंत्रित नहीं किया जा सकता है और इस तरह के महान् बलिदान को उस सामान्य मकसद के साथ नहीं किया जा सकता है। दास ने इस तरह के तुच्छ कारण के लिए अपना जीवन नहीं दिया। राजगुरु और अन्य लोगों ने अपने जीवन को केवल मुकदमे को स्थगित करने के लिए जोखिम में नहीं डाला।

आप अच्छी तरह से जानते हैं और हर संबंधित व्यक्ति यह जानता है कि वह भूख-हड़ताल नहीं है, जिसने आपको इस अध्यादेश को बढ़ावा देने के लिए मजबूर किया है। बात कुछ और है, जिसके एवज में आपकी सरकार के मुखिया भ्रमित हुए हैं। यह न तो मामले का विस्तार है और न ही कोई अन्य आपातकाल, जो आपको इस गैर-कानूनी अध्यादेश पर हस्ताक्षर करने के लिए मजबूर करता है। यह निश्चित रूप से कुछ और है।

लेकिन हम एक अंतिम बार फिर यह घोषित करना चाहते हैं कि हमारे जोश को अध्यादेश के द्वारा कम नहीं किया जा सकता है। आप कुछ व्यक्तियों को कुचल सकते हैं, लेकिन आप इस राष्ट्र को कुचल नहीं सकते। जहाँ तक इस अध्यादेश का सवाल है, हम इसे अपनी जीत मानते हैं। हम शुरू से ही इस बात की ओर इशारा कर रहे थे कि मौजूदा कानून महज एक छलावा था। यह न्याय प्रदान नहीं कर सकता। लेकिन उन विशेषाधिकारों को भी, जिनके अभियुक्त वैध और कानूनी रूप से हकदार थे तथा जो सामान्य अभियुक्तों को दिए गए थे, वे राजनीतिक मामलों में अभियुक्तों को नहीं दिए जा सके। हम चाहते थे कि सरकार अपना नकाब हटाए और स्पष्ट रूप से स्वीकार करे कि राजनीतिक अभियुक्तों को बचाव के उचित अवसर नहीं दिए जा सकते हैं। यहाँ हमारे पास सरकार की खुली स्वीकृति है।

हम आपको और साथ-ही-साथ आपकी सरकार को इस स्पष्टवादिता के लिए बधाई देते हैं और अध्यादेश का स्वागत करते हैं।

आपके एजेंटों, विशेष मजिस्ट्रेट और अभियोजन पक्ष के प्रतिनिधियों की खुली स्वीकृति के बावजूद हमारे रवैए के औचित्य को देखकर आप हमारे मामले के अस्तित्व को लेकर बड़ी उलझन में हैं। इस लड़ाई में हमें अपनी सफलता का आश्वासन देने के लिए और क्या चाहिए?

□

# जयदेव गुप्ता को पत्र

भगत सिंह ने यह पत्र अपने स्कूल के दिनों के करीबी दोस्त जयदेव गुप्ता को कुछ किताबों के लिए लिखा था।

24.7.30

लाहौर सेंट्रल जेल

मेरे प्रिय जयदेव,

कृपया द्वारकादास लाइब्रेरी से मेरे नाम पर निम्नलिखित पुस्तकें ले लें और उन्हें रविवार को कुलवीर के जरिए भेज दें—

- मिलिटेरिज्म (कार्ल लिबनेक्ट)
- वाय मेन फाइट (बी. रसेल)
- सोवियत ऐट वर्क
- कोलैप्स ऑफ दि सेकेंड इंटरनेशनल
- लेफ्ट-विंग कम्युनिज्म
- म्यूचुअल ऐड (प्रिंस क्रोपोटकिन)
- फील्ड, फैक्ट्रीज ऐंड वर्कशॉप्स
- सिविल वॉर इन फ्रांस (मार्क्स)
- लैंड रेव्यूलेशन इन रशिया
- स्पाई (अप्टन सिंक्लेयर)

## जयदेव गुप्ता को पत्र

कृपया पंजाब पब्लिक लाइब्रेरी से एक और पुस्तक भेजें—हिस्टोरिकल मटीरियलिज्म (बुखारीन)। इसके अलावा, लाइब्रेरियन से पता करें कि क्या कुछ किताबें बोरस्टल जेल भेजी गई हैं? वे पुस्तकों के भयानक अकाल का सामना कर रहे हैं। उन्होंने सुखदेव के भाई जयदेव के माध्यम से पुस्तकों की एक सूची भेजी थी। उन्हें अब तक कोई किताब नहीं मिली है। यदि उनके पास कोई सूची नहीं है तो कृपया लाला फिरोज चंद से कहें कि वे अपनी पसंद की कुछ रोचक पुस्तकें भेजें। इस रविवार को मेरे वहाँ जाने से पहले किताबें उन तक पहुँच जानी चाहिए। यह काम जरूरी है। कृपया इसे ध्यान में रखें।

इसके अलावा डार्लिंग की 'पंजाब पीजेंट इन प्रॉस्पेरिटी ऐंड डेब्ट' और इस तरह की 2 या 3 किताबें डॉ. आलम के लिए भेजें। आशा है, आप मुझे इस परेशानी के लिए क्षमा करेंगे। मैं वादा करता हूँ कि मैं भविष्य में आपको परेशान नहीं करूँगा। कृपया मेरे सभी दोस्तों को मेरी ओर से याद करना और लज्जावती को मेरा प्रणाम कहना। मुझे यकीन है कि अगर दत्त की बहन आईं तो वह मुझसे मिलना नहीं भूलेंगी।

सस्नेह

**—भगत सिंह**

□

# जस्टिस हिल्टन को भी जाना होगा

25 जून, 1930

5 मई, 1930 को विशेष ट्रिब्यूनल के सामने लाहौर षड्यंत्र केस लाया गया। 12 मई को गीत के सवाल पर पीठासीन न्यायाधीश ने अपना आपा खो दिया। उन्होंने आदेश दिया कि आरोपियों को हथकड़ी लगाई जाए। आरोपियों ने इसका विरोध किया। उन्हें जबरदस्ती अदालत से बाहर निकाल दिया गया और जेलों में वापस भेज दिया गया। आरोपियों ने अगले दिन से अदालत का बहिष्कार किया और माँग की कि पीठासीन न्यायाधीश को माफी माँगनी चाहिए या उसे हटा दिया जाना चाहिए। 21 जून को पीठासीन जज को हटा दिया गया, लेकिन उनके साथ सरकार ने जस्टिस आगा हैदर को भी हटा दिया, जो अगले वरिष्ठ जज थे और आरोपियों के प्रति सहानुभूति रखते थे। 23 जून को आरोपी न्यायमूर्ति हिल्टन को खोजने के लिए अदालत में गए, जो ट्रिब्यूनल की अध्यक्षता करते हुए हथकड़ी लगाए जानेवाले आदेश के पक्ष में थे। आरोपियों ने इस पर आपत्ति जताई और माँग की कि या तो जस्टिस हिल्टन खुद को आदेश से अलग कर लें या फिर वे माफी माँगें और इसमें विफल होने पर उन्हें ट्रिब्यूनल से भी हटा दिया जाना चाहिए। इस संदर्भ में भगत सिंह ने निम्न पत्र लिखा था—

## जस्टिस हिल्टन को भी जाना होगा

सेवा में
आयुक्त,
दि स्पेशल ट्रिब्यूनल
लाहौर षड्यंत्र केस
लाहौर

सर,

एक ओर ट्रिब्यूनल के दो न्यायाधीशों ने ट्रिब्यूनल से खुद को अलग कर दिया है या उन्हें अलग कर दिया गया है और उनके स्थान पर दो नए न्यायाधीश नियुक्त किए गए हैं। हमें लगता है कि हमारी स्थिति को स्पष्ट रूप से समझाने के लिए हमारी ओर से बयान दिया जाना बहुत आवश्यक है, ताकि कोई गलतफहमी पैदा न हो सके।

12 मई, 1930 को जस्टिस कोल्ड स्ट्रीम और तत्कालीन अध्यक्ष द्वारा यह आदेश पारित किया गया था और अदालत से जानकारी माँगने पर हमें हथकड़ी लगाई गई तथा इस अचानक और असाधारण आदेश के कारण के बारे में हमें बताना जरूरी नहीं समझा गया।

पुलिस ने हमें जबरन हथकड़ी लगाई और हमें वापस जेल भेज दिया। तीन न्यायाधीशों में से एक, श्री आगा हैदर, ने अगले दिन अध्यक्ष के उस आदेश से खुद को अलग कर लिया। उस दिन के बाद से हम अदालत में उपस्थित नहीं हुए हैं।

हमारी शर्त, जिस पर हम अदालत में उपस्थित होने के लिए तैयार थे, उसे अगले दिन ट्रिब्यूनल के समक्ष रखा गया था, अर्थात् या तो अध्यक्ष को माफी माँगनी चाहिए या उसे हटा दिया जाना चाहिए; लेकिन इसका यह मतलब बिल्कुल नहीं था कि उस आदेश के पक्ष में जो न्यायाधीश था, उसे अध्यक्ष बना दिया जाए! पाँच सप्ताह से अधिक

समय तक आरोपियों की शिकायतों पर कोई ध्यान नहीं दिया गया।

ट्रिब्यूनल के वर्तमान गठन के अनुसार, अध्यक्ष और अन्य एक न्यायाधीश दोनों, जिन्होंने खुद को अध्यक्ष के आदेश से अलग कर लिया था, उन्हें दो नए न्यायाधीशों द्वारा बदल दिया गया था। इस तरह वह न्यायाधीश, जो उस आदेश का पक्षधर था (जैसेकि अध्यक्ष ने बहुमत की ओर से आदेश दिया था) को अब ट्रिब्यूनल का अध्यक्ष नियुक्त किया गया है। इन परिस्थितियों में हम एक बात पर जोर देना चाहते हैं कि हमारी मि. जस्टिस कोल्ड स्ट्रीम के खिलाफ कोई व्यक्तिगत दुश्मनी नहीं है। हमने बहुमत की ओर से अध्यक्ष द्वारा पारित आदेश का विरोध किया था और इसके परिणामस्वरूप हमसे बुरा व्यवहार किया गया। हम मि. जस्टिस कोल्ड स्ट्रीम और मि. जस्टिस हिल्टन का सम्मान करते हैं, जिसकी अपेक्षा एक व्यक्ति द्वारा दूसरे व्यक्ति से की जानी चाहिए। और जैसाकि हमारा विरोध एक निश्चित आदेश के खिलाफ था, हम चाहते थे कि अध्यक्ष माफी माँगें, जिसका मतलब ट्रिब्यूनल की ओर से अध्यक्ष द्वारा माफी माँगना था, जो उस आदेश के लिए जिम्मेदार था। अध्यक्ष को हटाने से स्थिति नहीं बदली है, क्योंकि श्री जस्टिस हिल्टन, जो आदेश के पक्ष में थे, ट्रिब्यूनल की अध्यक्षता कर रहे हैं, इससे हमारी चोट और गहरी हुई है।

तुम्हारा, आदि।

**भगत सिंह**

**बी.के. दत्त**

25 जून, 1930

□

# पिता को पत्र

भगत सिंह के पिता सरदार किशन सिंह ने लाहौर षड्यंत्र केस के ट्रिब्यूनल को एक लिखित अनुरोध किया, जिसमें कहा गया था कि उनके बेटे को निर्दोष साबित करनेवाले कई सबूत थे और उनका सांडर्स की हत्या से कोई लेना-देना नहीं था। उन्होंने यह भी अनुरोध किया कि उनके बेटे को अपनी बेगुनाही साबित करने का मौका दिया जाए। जब भगत सिंह को इसका पता चला तो वे बहुत क्रोधित हुए और उनके कदम का विरोध करते हुए अपने पिता को यह कड़ा पत्र लिखा—

## मैं नास्तिक क्यों हूँ?

4 अक्तूबर, 1930

मेरे प्रिय पिता,

मुझे यह जानकर अचरज हुआ कि आपने मेरी सुरक्षा के संबंध में विशेष ट्रिब्यूनल के सदस्यों को एक याचिका दी है। समभाव से पैदा हुई यह समझदारी बहुत गंभीर साबित हुई है। इसने मेरे दिमाग के पूरे संतुलन को बिगाड़ दिया है। मैं समझ नहीं पा रहा हूँ कि आप इस स्तर पर और इन परिस्थितियों में ऐसी याचिका पेश करना कैसे उचित समझ सकते हैं? एक पिता की सभी भावुकता और भावनाओं के बावजूद, मुझे नहीं लगता कि आप मुझसे सलाह किए बिना मेरी ओर से ऐसा कदम उठाने के हकदार थे! आप जानते हैं कि राजनीतिक क्षेत्र में मेरे विचार हमेशा आपसे भिन्न रहे हैं। आपकी मंजूरी या अस्वीकृति की परवाह किए बिना मैंने हमेशा स्वतंत्र रूप से कार्य किया है।

मुझे आशा है कि आप खुद को याद दिला सकते हैं कि आप शुरू से ही मुझे मेरे मामले को बहुत गंभीरता से लड़ने और ठीक से अपना बचाव करने के लिए समझाने की कोशिश करते रहे हैं। लेकिन आप यह भी जानते हैं कि मैं हमेशा इसका विरोध करता रहा हूँ। मेरी कभी भी अपना बचाव करने की कोई इच्छा नहीं रही थी और न मैंने कभी इस बारे में गंभीरता से सोचा है। फिर चाहे वह केवल एक अस्पष्ट विचारधारा थी या अपनी स्थिति को सही ठहराने के लिए मेरे कुछ तर्क थे, यह एक अलग मामला है और इस पर यहाँ चर्चा नहीं की जा सकती।

आप जानते हैं कि इस मामले में हम एक निश्चित नीति अपना रहे हैं। मेरा हर कार्य उस नीति, मेरे सिद्धांत और मेरे कार्यक्रम के अनुरूप होना चाहिए था। वर्तमान में परिस्थितियाँ पूरी तरह से अलग हैं, लेकिन अगर स्थिति अलग भी होती, फिर भी अपनी रक्षा की पेशकश करनेवाला

मैं अंतिम व्यक्ति होता। पूरे मुकदमे के दौरान मेरे सामने केवल एक ही विचार था और वह यह था—हमारे खिलाफ आरोपों की गंभीर प्रकृति के बावजूद उनके प्रति मामले में पूर्ण तटस्थता दिखाना। मेरी हमेशा से यह राय रही है कि सभी राजनीतिक कार्यकर्ताओं को तटस्थ होना चाहिए, कानूनी अदालतों में कानूनी लड़ाई के बारे में कभी भी परेशान नहीं होना चाहिए और उन पर लगाए गए सबसे गंभीर आरोपों का साहसपूर्वक सामना करना चाहिए। वे खुद का बचाव कर सकते हैं, लेकिन हमेशा विशुद्ध रूप से राजनीतिक विचारधारा से, न कि व्यक्तिगत दृष्टिकोण से। इस मामले में हमारी नीति हमेशा इस सिद्धांत के अनुरूप रही है; फिर चाहे हम उसमें सफल रहे हों या नहीं, इसका निर्णय लेना मेरा काम नहीं है। हम हमेशा अपने कर्तव्य को पूरी शिद्दत से निभाते रहे हैं।

लाहौर षड्यंत्र केस अध्यादेश के साथ बयान में वायसराय ने कहा था कि इस मामले के आरोपी कानून और न्याय दोनों की अवमानना की कोशिश कर रहे थे। इस स्थिति ने हमें जनता को यह दिखाने का अवसर दिया कि क्या हम कानून की अवमानना करने की कोशिश कर रहे हैं या अन्य लोग ऐसा कर रहे हैं? इस समय लोग हमसे असहमत हो सकते हैं। आप भी उनमें से एक हो सकते हैं, लेकिन इसका मतलब यह नहीं था कि इस तरह के कदम मेरी सहमति या मेरी जानकारी के बिना मेरी ओर से लिये जाने चाहिए! मेरा जीवन इतना कीमती नहीं है, कम-से-कम मेरे लिए, जैसाकि शायद आप सोच रहे हैं। यह मेरे सिद्धांतों की कीमत पर खरीदने के लायक नहीं है। मेरे दूसरे साथी भी हैं, जिनके मामले उतने ही गंभीर हैं, जितना मेरे हैं।

हमने एक आम नीति अपनाई थी और हम अंतिम समय तक इस पर अड़े रहेंगे, चाहे इसके लिए हमें व्यक्तिगत रूप से कितनी भी बड़ी कीमत चुकानी पड़े।

पिताजी, मैं काफी हैरान हूँ। मुझे डर है कि आपकी ओर से इस कदम की आलोचना करने या रोकने के दौरान मैं शिष्टाचार के सामान्य सिद्धांत को नजरअंदाज कर सकता हूँ और मेरी भाषा थोड़ी कठोर हो सकती है। मुझे स्पष्टवादी होने दें। मुझे ऐसा लग रहा है, जैसे किसी ने मेरी पीठ पर छुरा घोंपा है। अगर किसी अन्य व्यक्ति ने ऐसा किया होता तो मैं इसे छल-कपट से अधिक कुछ नहीं मानता। लेकिन आपके मामले में मैं कहना चाहूँगा कि यह आपकी कमजोरी रही है—सबसे खराब प्रकार की कमजोरी!

यह वह समय था, जब हर किसी की वीरता की परीक्षा हो रही थी। मैं कहूँगा, पिताजी, आप असफल हुए हैं। मैं जानता हूँ कि आप उतने ईमानदार हैं, जितना एक देशभक्त। मुझे पता है कि आपने अपना जीवन भारतीय स्वतंत्रता के लिए समर्पित कर दिया है, फिर इस समय आपने ऐसी कमजोरी का प्रदर्शन क्यों किया? मैं समझ नहीं सकता।

अंत में, मैं आपको और मेरे अन्य दोस्तों तथा मेरे मामले में रुचि रखनेवाले सभी लोगों को सूचित करना चाहूँगा कि मैंने आपके इस कदम को मंजूर नहीं किया है। मैं अभी भी किसी भी प्रकार के बचाव की पेशकश के पक्ष में नहीं हूँ। यहाँ तक कि अगर अदालत बचाव आदि के बारे में मेरे कुछ सह-आरोपियों द्वारा प्रस्तुत याचिका को स्वीकार कर लेती, तो भी मैं अपना बचाव नहीं करता। भूख हड़ताल के दौरान मेरे साक्षात्कार के संबंध में ट्रिब्यूनल को प्रस्तुत मेरे आवेदनों की गलत व्याख्या की गई थी और प्रेस में प्रकाशित किया गया था कि मैं बचाव की पेशकश करने जा रहा था, हालाँकि वास्तव में मैं किसी भी तरह के बचाव की पेशकश करने के लिए तैयार नहीं था। मैं अब भी पहले की ही तरह राय रखता हूँ। बोरस्टल जेल में मेरे दोस्त इसे मेरी ओर से छल-कपट और विश्वासघात के रूप में ले रहे होंगे। मुझे

तो उनके सामने अपनी स्थिति साफ करने का अवसर भी नहीं मिलेगा।

मैं चाहता हूँ कि जनता को इस जटिलता के बारे में सारी जानकारी पता होनी चाहिए और इसलिए मैं आपसे इस पत्र को प्रकाशित करने का अनुरोध करता हूँ।

आपका लाड़ला बेटा

**भगत सिंह**

□

# बी.के. दत्त को पत्र

नवंबर 1930

सेंट्रल जेल

प्रिय भाई,

फैसला सुनाया जा चुका है। मुझे मौत की सजा मिली है। इन सेलों में, मेरे अलावा कई अन्य कैदी भी हैं, जो फाँसी की सजा का इंतजार कर रहे हैं। इन लोगों की एकमात्र प्रार्थना यह है कि किसी तरह से वे इस सजा से बच सकें। शायद उनमें से मैं ही एकमात्र ऐसा आदमी हूँ, जो उत्सुकता से उस दिन की प्रतीक्षा कर रहा है, जब मैं इतना भाग्यशाली बनूँगा कि अपने आदर्शों के लिए फाँसी पर चढ़ूँगा।

मैं खुशी-खुशी फाँसी पर चढ़ जाऊँगा और दुनिया को दिखाऊँगा कि क्रांतिकारियों ने कितनी बहादुरी के साथ खुद को इस काम के लिए बलिदान कर दिया!

मुझे फाँसी दी जाएगी, लेकिन तुम्हें आजीवन कारावास की सजा दी गई है। आप जीवित रहेंगे और जीवित रहते हुए, आपको दुनिया को दिखाना होगा कि क्रांतिकारी न केवल अपने आदर्शों के लिए मरते हैं, बल्कि हर विपत्ति का सामना कर सकते हैं। सांसारिक कठिनाइयों

से बचने के लिए मृत्यु एक साधन नहीं होना चाहिए। वे क्रांतिकारी, जो संयोग से आदर्श के लिए फाँसी से बच गए हैं, वे जेल की अँधेरी कोठरियों में कठोरतम यातनाएँ सहन करेंगे।

आपका

**भगत सिंह**

□

# युवा राजनीतिक कार्यकर्ताओं के लिए

भगत सिंह की फाँसी के बाद यह दस्तावेज कटे-फटे रूप में प्रकाशित हुआ। इसमें सोवियत संघ, मार्क्स, लेनिन और कम्युनिस्ट पार्टी के सभी संदर्भों को सावधानीपूर्वक हटा दिया गया है। बाद में, भारत सरकार ने 1936 में अपनी एक गुप्त रिपोर्ट में इसे प्रकाशित किया। पूरी रिपोर्ट की एक फोटोस्टेट प्रति लखनऊ के शहीद स्मारक और स्वतंत्रता संग्राम अनुसंधान केंद्र के पुस्तकालय में संरक्षित है।

प्रिय साथियो,

हमारा आंदोलन वर्तमान में बहुत महत्त्वपूर्ण दौर से गुजर रहा है। एक साल के भीषण संघर्ष के बाद संवैधानिक सुधारों के संबंध में कुछ निश्चित प्रस्तावों को गोलमेज सम्मेलन द्वारा तैयार किया गया

है और कांग्रेस के नेताओं को इसे देने के लिए आमंत्रित किया गया है···वर्तमान परिस्थितियों में अपने आंदोलन को समाप्त करने के लिए इसे वांछनीय समझें।

चाहे वे पक्ष में या विपक्ष में फैसला करें, यह हमारे लिए बहुत कम महत्त्व का विषय है। वर्तमान आंदोलन किसी प्रकार के समझौते के साथ अवश्य समाप्त होगा। समझौता आज या कल प्रभाव में आ जाएगा। और समझौते में ऐसी अज्ञानतापूर्ण तथा अपमानजनक बात नहीं है, जैसाकि हम आमतौर पर सोचते हैं। यह राजनीतिक रणनीति में एक अनिवार्य कारक है। कोई भी राष्ट्र, जो उत्पीड़कों के खिलाफ उठता है, वह शुरुआत में अवश्य असफल होता है और समझौते के माध्यम से अपने संघर्ष के मध्यकाल के दौरान आंशिक सुधार हासिल करता है। यह केवल अंतिम चरण में होता है (राष्ट्र की सभी ताकतें और संसाधनों को पूरी तरह से व्यवस्थित करने के बाद) और संभवत: अंतिम चोट दे सकता है, जिसमें शासक की सरकार को चकनाचूर करने में सफल हो सकता है। लेकिन फिर भी वह विफल हो सकता है, जो किसी प्रकार के समझौते को अपरिहार्य बनाता है। यह रूसी उदाहरण द्वारा सर्वोत्तम रूप से चित्रित किया जा सकता है।

1905 में रूस में एक क्रांतिकारी आंदोलन छिड़ गया। सभी नेताओं को बहुत उम्मीद थी। लेनिन बाहरी देशों से लौट आया था, जहाँ उसने शरण ली थी। वह संघर्ष का संचालन कर रहा था। लोग उसे बताने आए कि एक दर्जन जमींदार मारे गए हैं और उनकी हवेली को जला दिया गया है। लेनिन ने उन्हें वापस लौटने और बारह सौ जमींदारों को मारने तथा उनके कई महलों को जलाने के लिए कहा। उनकी राय में अगर क्रांति विफल हो जाती तो इसका भी कुछ असर होगा। डूमा को लागू किया गया था। उसी लेनिन ने डूमा में भाग लेने के दृष्टिकोण की वकालत

की। 1907 में यही हुआ था। 1906 में वे इस पहले डूमा में भाग लेने के विरोध में थे, जिसमें इस दूसरे की तुलना में अधिक काम की गुंजाइश थी, पर जिसके अधिकारों को कम कर दिया गया था। यह बदली हुई परिस्थितियों के कारण था। प्रतिक्रिया अधिक मिल रही थी और लेनिन समाजवादी विचारों पर चर्चा करने के लिए एक मंच के रूप में डूमा का उपयोग करना चाहता था।

छोबारा 1917 की क्रांति के बाद, जब बोल्शेविकों को ब्रेस्ट लिटोव्स्क संधि पर हस्ताक्षर करने के लिए मजबूर किया गया था, लेनिन को छोड़कर सभी लोग इसके विरोध में थे। लेकिन लेनिन ने कहा, "शांति। शांति और फिर से शांति, किसी भी कीमत पर शांति, यहाँ तक कि रूसी प्रांतों में से कइयों को जर्मनी के युद्धवीरों को दिए जाने की कीमत पर भी जर्मन युद्ध लॉर्ड को दी जाए।" जब कुछ विरोधी बोल्शेविक लोगों ने लेनिन की इस संधि के लिए निंदा की तो उन्होंने स्पष्ट रूप से घोषणा की कि बोल्शेविक जर्मन हमले का सामना करने की स्थिति में नहीं थे और उन्होंने बोल्शेविक सरकार के पूर्ण विनाश के लिए इस संधि को प्राथमिकता दी।

जिस चीज को मैं इंगित करना चाहता था, वह यह थी कि समझौता एक आवश्यक हथियार है, जिसे हर समय संघर्ष के समय विकसित करना पड़ता है। लेकिन जो चीज हमें हमेशा अपने सामने रखनी चाहिए, वह है—आंदोलन का विचार। हमें हमेशा वह लक्ष्य स्पष्ट होना चाहिए, जिसके लिए हम लड़ रहे हैं। यह हमें अपने आंदोलनों की सफलता और असफलताओं को सत्यापित करने में मदद करता है तथा हम आसानी से भविष्य के कार्यक्रम को तैयार कर सकते हैं। तिलक की नीति आदर्श से काफी अलग थी, लेकिन उनकी रणनीति सबसे सही थी। आप अपने शत्रु से सोलह आने पाने के लिए लड़ रहे हैं, लेकिन आपको केवल एक

ही आना मिलता है। उसे जेब में रखें और बाकी के लिए लड़ें। जो हम शांति से समझते हैं, वह उनके आदर्श हैं। वे एक आना हासिल करने से शुरू करते हैं और वे इसे प्राप्त नहीं कर सकते हैं। क्रांतिकारियों को हमेशा यह ध्यान रखना चाहिए कि वे एक संपूर्ण क्रांति के लिए प्रयास कर रहे हैं। अपने हाथों में पूरी सत्ता चाहते हैं। समझौते खूँखार हो सकते हैं, क्योंकि परंपरावादी ऐसे नुकसान से समझौता करने के बाद क्रांतिकारी ताकतों को खत्म करने की कोशिश करते हैं। हमें ऐसे अवसरों पर बहुत सावधान रहना चाहिए, ताकि वास्तविक मुद्दों, विशेष रूप से लक्ष्य में किसी भी प्रकार के भ्रम से बच सकें। ब्रिटिश श्रमिक नेताओं ने अपने वास्तविक संघर्ष से धोखा किया और वे केवल ढोंगी साम्राज्यवादियों के स्तर तक गिर गए। मेरी राय में कट्टर रूढ़िवादी इन चिकने साम्राज्यवादी मजदूर नेताओं की तुलना में हमसे बेहतर हैं। रणनीति के बारे में लेनिन के जीवन-कार्य का अध्ययन करना चाहिए। समझौते के विषय पर उनके निश्चित विचार 'वामपंथी विंग' साम्यवाद में पाए जाएँगे।

मैंने कहा है कि वर्तमान आंदोलन, यानी कि वर्तमान संघर्ष, किसी प्रकार के समझौते या पूर्ण विफलता में समाप्त होने के लिए बाध्य है।

मैंने ऐसा कहा, क्योंकि मेरी राय में इस बार वास्तविक क्रांतिकारी ताकतों को अखाड़े में आमंत्रित नहीं किया गया है। यह संघर्ष मध्यम वर्ग के दुकानदारों और कुछ पूँजीपतियों पर निर्भर है। ये दोनों और विशेष रूप से पूँजीपति, किसी भी संघर्ष में अपनी संपत्ति को जोखिम में डालने की हिम्मत नहीं कर सकेंगे। असली क्रांतिकारी सेनाएँ गाँवों और कारखानों में हैं, किसान और मजदूर हैं। लेकिन हमारे बुर्जुआ नेता उनसे निपटने की हिम्मत नहीं कर सकते। एक बार सोते हुए शेर को उसकी नींद से जगा दिया जाए तो हमारे नेता लक्ष्य प्राप्ति के बाद भी इसे नहीं रोक पाएँगे।

1920 में अहमदाबाद के मजदूरों के साथ अपने पहले अनुभव के बाद महात्मा गांधी ने घोषणा की—"हमें मजदूरों के साथ छेड़छाड़ नहीं करनी चाहिए। फैक्टरी सर्वहारा वर्ग का राजनीतिक उपयोग करना खतरनाक है।" (द टाइम्स, मई 1921)। तब से उन्होंने कभी भी उनसे संपर्क करने की हिम्मत नहीं की। वहाँ किसान रहता है। 1922 का बारडोली प्रस्ताव स्पष्ट रूप से नेताओं द्वारा महसूस किए जानेवाले आतंक से इनकार करता है, जब उन्होंने विशाल किसान वर्ग को न केवल एक विदेशी राष्ट्र के वर्चस्व को, बल्कि जमींदारों द्वारा हासिल दासता को हिलाकर रख दिया।

वहाँ हमारे नेता किसानों की तुलना में अंग्रेजों के सामने आत्मसमर्पण करना पसंद करते हैं। केवल पं. जवाहरलाल नेहरू को छोड़ दें। क्या आप किसानों या मजदूरों को संगठित करने के लिए कोई प्रयास कर सकते हैं? नहीं, वे जोखिम नहीं उठाएँगे। वहाँ उनकी कमी है। इसीलिए मैं कहता हूँ कि उन्होंने कभी भी संपूर्ण क्रांति की बात नहीं की है। आर्थिक और प्रशासनिक दबाव के माध्यम से उन्हें भारतीय पूँजीपतियों के लिए कुछ और सुधार, कुछ और रियायतें मिलने की उम्मीद थी। इसलिए मैं कहता हूँ कि यह आंदोलन जरूर समाप्त होगा, किसी तरह के समझौते के बाद या इसके बिना भी। वे युवा कार्यकर्ता, जो पूरी ईमानदारी से 'लॉन्ग लिव रिवोल्यूशन' की दुहाई देते हैं, वे स्वयं आंदोलन को चलाने के लिए पर्याप्त रूप से संगठित और मजबूत नहीं हैं। असल में शायद हमारे महान् नेता भी, शायद पं. मोतीलाल नेहरू के अलावा, कोई भी अन्य अपने कंधों पर जिम्मेदारी लेने की हिम्मत नहीं करेगा, यही कारण है कि अब जब-तब गांधीजी के सामने बिना शर्त आत्मसमर्पण करते हैं। मतभेदों के बावजूद, वे कभी भी उनका गंभीरता से विरोध नहीं करते हैं और महात्माजी के लिए प्रस्तावों को निभाते हैं।

## युवा राजनीतिक कार्यकर्ताओं के लिए

इन परिस्थितियों में, मुझे ईमानदार युवा कार्यकर्ताओं को चेतावनी देने दें, जो क्रांति को लेकर गंभीर हैं कि आगे कठिन समय आ रहा है। वे सावधान हो जाएँ, ताकि ऐसा न हो कि वे भ्रमित हो जाएँ या निराश हो जाएँ। महान् गांधीजी के दो संघर्षों के माध्यम से किए गए अनुभव के बाद, हम अपनी वर्तमान स्थिति और भविष्य के कार्यक्रम का एक स्पष्ट खाका बनाने के लिए बेहतर स्थिति में हैं।

अब मुझे मामले को सरल तरीके से बताने की अनुमति दें। आप चिल्लाते हैं—'लॉन्ग लिव रिवोल्यूशन।' मुझे लगता है कि तुम सच में इसे अनुभव करते हो। इस वक्तव्य की हमारी परिभाषा के अनुसार, जैसाकि असेंबली बम केस में हमारे बयान में कहा गया है, क्रांति का अर्थ है—मौजूदा सामाजिक व्यवस्था को पूर्ण रूप से उखाड़ फेंकना और इसे समाजवादी व्यवस्था के साथ प्रतिस्थापित करना। उस उद्देश्य के लिए हमारा तात्कालिक उद्देश्य सत्ता प्राप्त करना है। असल में, राज्य, सरकारी तंत्र शासक वर्ग के हाथों में सिर्फ एक हथियार है, ताकि वह अपने हितों को सुरक्षित रख सकें। हम इसे अपने आदर्श के उपभोग के लिए छीनना और सँभालना चाहते हैं, यानी कि नए सिरे से सामाजिक पुनर्निर्माण यानी मार्क्सवादी आधार पर। इस उद्देश्य के लिए हम सरकारी तंत्र को सँभालने के लिए लड़ रहे हैं। हम सभी को जनता को शिक्षित करना होगा और अपने सामाजिक कार्यक्रम के लिए अनुकूल माहौल बनाना होगा। संघर्ष में हम उन्हें बेहतर ढंग से प्रशिक्षित और शिक्षित कर सकते हैं।

अपने सामने इन चीजों को स्पष्ट करके, यानी कि हमारी तत्काल और अंतिम उद्देश्य वस्तु को स्पष्ट रूप से रखा गया है अथवा नहीं। अब हम वर्तमान स्थिति का जायजा लेते हुए आगे बढ़ सकते हैं। किसी भी स्थिति का विश्लेषण करते हुए हमें हमेशा बहुत स्पष्टवादी और

हर तरह से तैयार होना चाहिए। हम जानते हैं कि जब से भारत सरकार की जिम्मेदारी में भारतीयों की भागीदारी और हिस्सेदारी के बारे में बातें उठीं हैं, मिंटो-मार्ले सुधारों को पेश किया गया, जिसने केवल परामर्श अधिकारों के साथ वायसराय के परिषद् का गठन किया था। महान् युद्ध के दौरान जब भारतीय मदद की सबसे अधिक आवश्यकता थी, स्व-सरकार के बारे में वादे किए गए थे और मौजूदा सुधारों को पेश किया गया था। सीमित विधायी शक्तियाँ विधानसभा को सौंपी गई हैं, लेकिन वे भी वायसराय की इच्छा के अधीन हैं। अब तीसरा चरण है।

अब सुधारों पर चर्चा की जा रही है और निकट भविष्य में इन्हें पेश किया जाएगा। हमारे युवा उन्हें कैसे आँक सकते हैं? यह एक प्रश्न है; मुझे नहीं पता कि कांग्रेस नेता उन्हें समझने के लिए किन मापदंडों पर चल रहे हैं? लेकिन हम क्रांतिकारियों के लिए, हमारे पास निम्नलिखित मापदंड हो सकते हैं—

1. भारतीयों के कंधों पर स्थानांतरित की गई जिम्मेदारी।
2. उन सरकारी संस्थानों का गठन, जो शुरू किए जाएँगे और आम जनता को दी गई भागीदारी के अधिकार की सीमा।
3. भविष्य की योजनाएँ और सुरक्षा उपाय।

इन्हें थोड़ा और आगे बढ़ने की आवश्यकता हो सकती है। सबसे पहले, हम अपने प्रतिनिधियों को कार्यपालिका पर नियंत्रण द्वारा हमारे लोगों को दी गई जिम्मेदारी की सीमा का आसानी से आकलन कर सकते हैं। अब तक, कार्यकारी को विधानसभा के लिए जिम्मेदार नहीं बनाया गया था और वायसराय के पास वीटो शक्ति थी, जिसने निर्वाचित सदस्यों के सभी प्रयासों को निरर्थक बना दिया है। स्वराज पार्टी के प्रयासों की बदौलत, वायसराय को हर बार इन असाधारण शक्तियों का इस्तेमाल करने के लिए मजबूर किया जाता है, ताकि वे राष्ट्रीय प्रतिनिधियों के

शर्मनाक फैसलों को बेवजह रौंद सकें। यह पहले से ही ज्ञात है कि आगे चर्चा की जरूरत है।

अब सबसे पहले हमें कार्यकारी गठन की विधि देखनी चाहिए—क्या कार्यपालिका को किसी लोकप्रिय सभा के सदस्यों द्वारा चुना जाना है या इसे पहले की तरह ही थोपा जाना है और आगे, क्या यह सदन के लिए जिम्मेदार होगी या बिल्कुल अतीत की तरह इसका कार्य होगा?

दूसरे विषय के संबंध में हम इसे मताधिकार के दायरे के माध्यम से आँक सकते हैं। एक आदमी को वोट के योग्य बनानेवाली संपत्ति की योग्यता को पूरी तरह से समाप्त कर दिया जाना चाहिए और इसके बजाय सार्वभौमिक मताधिकार का परिचय दिया जाना चाहिए। प्रत्येक वयस्क, पुरुष और महिला, दोनों को मतदान का अधिकार होना चाहिए। वर्तमान में हम बस यह देख सकते हैं कि अधिकारों को कितना आगे बढ़ाया गया है!

मैं यहाँ प्रांतीय स्वायत्तता के बारे में उल्लेख करना चाहूँगा, लेकिन मैंने जो कुछ भी सुना है, मैं केवल यह कह सकता हूँ कि शासक द्वारा लाया गया राज्यपाल, असाधारण शक्तियों से लैस, जो विधायी से उच्च और ऊपर है, किसी निरंकुश से कम नहीं साबित होते हैं। आइए, हम इसे 'स्वायत्तता' के बजाय 'प्रांतीय अत्याचार' कहें। यह राज्य संस्थानों का एक विचित्र प्रकार का लोकतंत्रीकरण है।

तीसरा विषय काफी स्पष्ट है। पिछले दो वर्षों के दौरान ब्रिटिश राजनेता हर दस साल में ब्रिटिश खजाने के समाप्त होने तक सुधार की एक और खैरात देकर मोंटेग्यू के वादे को नष्ट करने की कोशिश कर रहे हैं।

हम देख सकते हैं कि उन्होंने भविष्य के बारे में क्या निर्णय लिया है!

मुझे यह स्पष्ट करने दें कि हम इन चीजों का विश्लेषण उपलब्धि पर खुशी मनाने के लिए नहीं करते हैं, लेकिन अपनी स्थिति के बारे में स्पष्ट विचार बनाने के लिए करते हैं, ताकि हम जनता को समझा सकें और उन्हें आगे के संघर्ष के लिए तैयार कर सकें। हमारे लिए समझौते का मतलब कभी आत्मसमर्पण नहीं है, बल्कि एक कदम आगे और कुछ आराम है। बस यही है और कुछ नहीं।

वर्तमान स्थिति पर चर्चा करते हुए, हम भविष्य के कार्यक्रम और कारवाई पर चर्चा करते हैं, जिसे हमें अपनाना चाहिए। जैसाकि मैंने पहले ही कहा है, किसी भी क्रांतिकारी पार्टी के लिए एक निश्चित कार्यक्रम बहुत आवश्यक है; क्योंकि आपको पता होना चाहिए कि क्रांति का मतलब काररवाई है। इसका अर्थ है—अचानक और असंगठित या सहज परिवर्तन या टूटने के विपरीत एक संगठित और व्यवस्थित कार्य द्वारा जानबूझकर लाया गया परिवर्तन। और कार्यक्रम के निर्माण के लिए आपको निम्न बातों का अध्ययन जरूर करना चाहिए—

1. लक्ष्य।
2. वह परिसर, जहाँ से शुरू होना है, यानी मौजूदा स्थितियाँ।
3. काररवाई, अर्थात् साधन और तरीके।

जब तक किसी के पास इन तीन कारकों के बारे में स्पष्ट धारणा नहीं है, वह कोई भी कार्यक्रम के बारे में चर्चा नहीं कर सकता है।

हमने वर्तमान स्थिति पर कुछ हद तक चर्चा की है। लक्ष्य पर भी थोड़ी चर्चा हुई है। हम एक समाजवादी क्रांति चाहते हैं, जो अपरिहार्य प्रारंभिक राजनीतिक क्रांति है। हम यही चाहते हैं। राजनीतिक क्रांति का मतलब राज्य (या अधिक गंभीर रूप से सत्ता) के हस्तांतरण को अंग्रेजों के हाथों से भारतीयों को नहीं, बल्कि उन भारतीयों को है, जो अंतिम लक्ष्य तक हमारे साथ हैं या अधिक सटीक रूप से कहें तो लोक समर्थन

के साथ सत्ता क्रांतिकारी दल को हस्तांतरित की जाए। उसके बाद, सही गायनों में आगे बढ़ने के लिए समाजवादी आधार पर पूरे समाज के पुनर्निर्माण को व्यवस्थित करना है। यदि आप इसे क्रांति नहीं मानते हैं तो कृपया दया करें। 'लॉन्ग लिव रिवोल्यूशन' चिल्लाना बंद करो। क्रांति शब्द बहुत पवित्र है, कम-से-कम हमारे लिए, इसलिए इसका इतना हल्का उपयोग या दुरुपयोग न करें। लेकिन अगर आप कहते हैं कि आप राष्ट्रीय क्रांति के लिए हैं और आपके संघर्ष का उद्देश्य संयुक्त राज्य अमेरिका के प्रकार का एक भारतीय गणराज्य है, तो मैं आपसे पूछना चाहूँगा कि कृपया मुझे बताएँ कि वे कौन सी ताकतें हैं, जो यह क्रांति लाने में आपकी मदद करेंगी?

चाहे राष्ट्रीय हों या समाजवादी, वे किसान और श्रमिक हैं। कांग्रेस नेता उन ताकतों को संगठित करने का साहस नहीं कर रहे हैं।

आपने इसे इस आंदोलन में देखा है। वे इसे किसी और से बेहतर जानते हैं कि इन ताकतों के बिना वे बिल्कुल असहाय हैं। जब उन्होंने पूर्ण स्वतंत्रता का प्रस्ताव पारित किया (जिसका वास्तव में अर्थ क्रांति था), लेकिन उनका यह मानना नहीं था। उन्हें इसे युवा तत्त्व के दबाव में करना पड़ा और फिर वे इसे अपने दिल की इच्छा-औपनिवेशिक पद को प्राप्त करने के लिए एक खतरे के रूप में इस्तेमाल करना चाहते थे। आप कांग्रेस के पिछले तीन सत्रों के प्रस्तावों का अध्ययन करके इसे आसानी से आँक सकते हैं। मेरा मतलब मद्रास, कलकत्ता और लाहौर से है। कलकत्ता में उन्होंने बारह महीने के भीतर औपनिवेशिक पद प्राप्त करने के लिए एक प्रस्ताव पारित किया, अन्यथा उन्हें अपने लक्ष्य के रूप में पूर्ण स्वतंत्रता को अपनाने के लिए मजबूर किया जाता और सभी गंभीरता से 31 दिसंबर, 1929 के बाद आधी रात तक कुछ ऐसे उपहार का इंतजार करते रहे। तब उन्होंने खुद को स्वतंत्रता के संकल्प को

अपनाने के लिए 'सम्मान बाध्य' पाया, अन्यथा उनका मतलब यह नहीं था। लेकिन फिर भी महात्माजी ने इस तथ्य का कोई रहस्य नहीं बनाया कि दरवाजा (समझौते के लिए) खुला था। यही असली भावना थी। बहुत शुरुआत में वे जानते थे कि उनका आंदोलन किसी समझौते पर समाप्त हो सकता है। यही आधा-अधूरापन है, जिससे हम नफरत करते हैं, संघर्ष में इस विशेष अवस्था में कोई समझौता नहीं। वैसे भी, हम उन ताकतों पर चर्चा कर रहे थे, जिन पर आप एक क्रांति के लिए निर्भर हो सकते हैं। लेकिन अगर आप कहते हैं कि आप उनका सक्रिय समर्थन पाने के लिए किसानों और मजदूरों से संपर्क करेंगे तो मैं आपको बता दूँ कि वे किसी भावुक बात से मूर्ख नहीं बननेवाले हैं। वे आपसे बहुत स्पष्ट रूप से पूछेंगे—वे आपकी क्रांति से क्या हासिल करने जा रहे हैं, जिसके लिए आप उनका बलिदान माँग रहे हैं? इससे उन्हें क्या फर्क पड़ेगा कि लॉर्ड रीडिंग भारत सरकार के प्रमुख हैं या सर पुरुषोत्तमदास ठाकुरदास? एक किसान के लिए इसमें क्या फर्क है, अगर सर तेज बहादुर सप्रू लॉर्ड इरविन की जगह लेते हैं? उसकी राष्ट्रीय भावना को अपील करना बेकार है। आप उसे अपने उद्देश्य के लिए 'उपयोग' नहीं कर सकते हैं; आपको अपनी बात गंभीरता से कहनी होगी तथा उसे यह समझाना होगा कि क्रांति उसके और उसकी भलाई के लिए होनेवाली है। सर्वहारा की क्रांति और सर्वहारा के लिए।

जब आप अपने लक्ष्यों के बारे में स्पष्ट खाका तैयार कर लें तो आप इस तरह की काररवाई के लिए अपनी ताकतों को व्यवस्थित करने के लिए सही तरीके से आगे बढ़ सकते हैं। अब दो अलग-अलग चरण हैं, जिनके माध्यम से आपको आगे बढ़ना होगा। सबसे पहले तैयारी; दूसरा, काररवाई।

वर्तमान आंदोलन के समाप्त होने के बाद आपको गंभीर क्रांतिकारी

कार्यकर्ताओं के बीच घृणा और कुछ निराशा मिलेगी, लेकिन आपको चिंता करने की जरूरत नहीं है। भावुकता को एक तरफ रखें। सच्चाई का सामना करने के लिए तैयार रहें। क्रांति बहुत मुश्किल काम है। क्रांति लाना किसी भी आदमी की ताकत से परे है। न ही यह किसी नियत तारीख पर लाई जा सकती है। यह सामाजिक और आर्थिक परिवर्तन विशेष वातावरण द्वारा लाया जाता है। एक संगठित पार्टी का कार्य इन परिस्थितियों द्वारा पेश किए गए ऐसे अवसर का उपयोग करना है। और क्रांति के लिए जनता को तैयार करना तथा ताकतों को संगठित करना बहुत मुश्किल काम है। और इसके लिए क्रांतिकारी कार्यकर्ताओं की ओर से बहुत बड़े बलिदान की आवश्यकता होती है। मैं यह स्पष्ट कर दूँ कि यदि आप एक व्यवसायी हैं या एक स्थापित प्रपंची या पारिवारिक व्यक्ति हैं, तो कृपया आग से न खेलें। एक नेता के रूप में आप पार्टी के लिए किसी काम के नहीं हैं। हमारे पास पहले से ही बहुत से ऐसे नेता हैं, जो भाषण देने के लिए शाम को कुछ घंटे निकाल लेते हैं। वे बेकार हैं। हमें, लेनिन के प्रिय शब्द में कहें तो 'पेशेवर क्रांतिकारियों' की आवश्यकता है। पूर्वकालिक कार्यकर्ता, जिनके पास क्रांति के अलावा कोई अन्य महत्त्वाकांक्षा या कार्य नहीं है। पार्टी में ऐसे कार्यकर्ताओं की संख्या जितनी अधिक होगी, आपकी सफलता की संभावना उतनी ही अधिक होगी।

व्यवस्थित रूप से आगे बढ़ने के लिए आपको जिस चीज की सबसे ज्यादा जरूरत है, वह स्पष्ट विचारों और उत्सुक धारणा तथा पहल व त्वरित निर्णयों की क्षमता के साथ ऊपर वर्णित प्रकार के श्रमिकों के साथ एक पार्टी की। पार्टी में सख्त अनुशासन हो और जरूरी नहीं कि वह एक भूमिगत पार्टी हो, बल्कि इसके विपरीत होनी चाहिए। हालाँकि स्वेच्छा से जेल जाने की नीति को पूरी तरह छोड़ दिया जाना चाहिए।

इससे कई कार्यकर्ता पैदा होंगे, जिन्हें भूमिगत जीवन जीने के लिए मजबूर होना पड़ेगा। उन्हें उसी जोश के साथ काम को आगे बढ़ाना चाहिए। और यह श्रमिकों का वह समूह है, जो वास्तविक अवसर के लिए योग्य नेताओं का उत्पादन करेगा।

पार्टी को ऐसे कार्यकर्ताओं की आवश्यकता है, जिन्हें केवल युवा आंदोलन के माध्यम से भरती किया जा सकता है, इसलिए हम युवा आंदोलन को अपने कार्यक्रम के शुरुआती बिंदु के रूप में देखते हैं। युवा आंदोलन को अध्ययन मंडल, कक्षा व्याख्यान और परचों, पुस्तकों और पत्रिकाओं के प्रकाशन का आयोजन करना चाहिए। यह राजनीतिक कार्यकर्ताओं के लिए सबसे अच्छी भरती और प्रशिक्षण का मैदान है।

वे युवा, जिनके विचार परिपक्व हो चुके हैं और अपने जीवन को इस उद्‌देश्य के लिए समर्पित करने के लिए तैयार हों, उन्हें पार्टी में शामिल किया जा सकता है। पार्टी कार्यकर्ताओं को हमेशा युवा आंदोलन के काम का मार्गदर्शन और नियंत्रण करना चाहिए। पार्टी को बड़े पैमाने पर प्रचार के काम से शुरुआत करनी चाहिए। यह बहुत आवश्यक है। गदर पार्टी (1914-15) के प्रयासों की विफलता के मूल कारणों में से एक अज्ञानता, तटस्थता और कभी-कभी जनता का सक्रिय विरोध था। इसके अलावा, किसानों और श्रमिकों की सक्रिय सहानुभूति हासिल करना और उन्हें संगठित करना आवश्यक है। पार्टी का नाम या कहें, एक कम्युनिस्ट पार्टी। सख्त अनुशासन से बँधे राजनीतिक कार्यकर्ताओं की इस पार्टी को अन्य सभी आंदोलनों को सँभालना चाहिए। इसे किसानों और मजदूरों के दलों, मजदूर संघों और दयालु राजनीतिक भविष्यवक्ताओं को संगठित करना होगा। राजनीतिक विचारधारा बनाने के लिए न केवल राष्ट्रीय राजनीति, बल्कि वर्गीय राजनीति के साथ-साथ पार्टी को एक बड़ा प्रकाशन अभियान आयोजित करना चाहिए। सभी सर्वहारा वर्ग के विषय (मूल प्रतिलेखन

स्पष्ट नहीं है—एम.आई.ए. ट्रांस्क्रिप्टर) समाजवादी सिद्धांत के प्रति जनता को ज्ञानवान बनाना, इसके लिए ज्ञान की आसान पहुँच और उसे व्यापक रूप से वितरित किया जाना चाहिए। लेखन सरल और स्पष्ट होना चाहिए।

श्रमिक आंदोलन में कुछ लोग हैं, जो राजनीतिक स्वतंत्रता के बिना किसानों और श्रमिकों की आर्थिक स्वतंत्रता के बारे में कुछ बेतुके विचारों को सूचीबद्ध करते हैं। वे जनसमुदाय या कुटिलता वाले लोग हैं। इस तरह के विचार अकल्पनीय और पूर्वापेक्षित हैं। हमारा मतलब जनता की आर्थिक स्वतंत्रता से है और इसी उद्‌देश्य से हम राजनीतिक पद जीतने के लिए प्रयासरत हैं। इसमें कोई संदेह नहीं है कि शुरू में हमें इन वर्गों की छोटी आर्थिक माँगों और विशेषाधिकारों के लिए लड़ना होगा। लेकिन ये संघर्ष उन्हें अंतिम संघर्ष और राजनीतिक पद को जीतने के लिए अंतिम संघर्ष के लिए शिक्षित करने का सबसे अच्छा साधन है।

इनके अलावा एक सैन्य विभाग का आयोजन भी अवश्य किया जाएगा। यह बहुत महत्त्वपूर्ण है। कई बार इसकी जरूरत बहुत अधिक महसूस की जाती है। लेकिन उस समय आप प्रभावी ढंग से कार्य करने के लिए पर्याप्त साधनों के साथ ऐसे समूह को शुरू नहीं कर सकते हैं और इस तरह के समूह का निर्माण भी नहीं कर सकते हैं।

शायद यह एक ऐसा विषय है, जिस पर सावधानीपूर्वक स्पष्टीकरण की आवश्यकता है। इस विषय पर मेरे गलत समझे जाने की बहुत संभावना है। जाहिर तौर पर मैंने एक आतंकवादी की तरह काम किया है, लेकिन मैं आतंकवादी नहीं हूँ। मैं एक क्रांतिकारी हूँ, जिसे लंबे कार्यक्रम के लिए ऐसे निश्चित विचार मिले हैं, जिनकी यहाँ चर्चा की जा रही है। रामप्रसाद बिस्मिल जैसे मेरे 'साथी' मुझ पर आरोप लगा सकते हैं कि सेल में बंद रहते हुए मैं कुछ प्रतिक्रियाओं के अधीन रहा, जो सच नहीं है। मेरी वही विचार, विश्वास, सोच, जोश और भावना है, जो पहले जेल से बाहर थी, शायद मैं

कहूँगा—नहीं, निश्चित तौर पर कहूँगा कि मेरी भावना अब पहले से बेहतर है। इसलिए मैं अपने पाठकों को सावधान करता हूँ कि मेरे शब्दों को पढ़ते समय सावधान रहें। वे अपनी तरफ से कुछ भी समझने की कोशिश नहीं करें। मुझे अपनी पूरी ताकत से घोषणा करने दें कि मैं एक आतंकवादी नहीं हूँ और न मैं कभी था, जैसे कि मेरे क्रांतिकारी कॅरियर की शुरुआत में लोगों ने उम्मीद की थी। और मुझे विश्वास है कि हम उन तरीकों से कुछ हासिल नहीं कर सकते हैं। कोई इसे आसानी से 'हिंदुस्तान सोशलिस्ट रिपब्लिकन एसोसिएशन' के इतिहास से आँक सकता है। हमारी सभी गतिविधियाँ एक उद्देश्य की ओर निर्देशित थीं, यानी कि अपने सैन्य विंग के रूप में महान् आंदोलन के साथ खुद को पहचानना। अगर किसी ने मुझे गलत समझा है तो उसे अपने विचारों में बदलाव करना चाहिए। मेरा मतलब यह नहीं है कि बम और पिस्तौल बेकार हैं, बल्कि इसके विपरीत हैं। लेकिन मेरे कहने का सिर्फ यह मतलब है कि केवल बम फेंकना न केवल बेकार है, बल्कि कभी-कभी हानिकारक भी है। पार्टी के सैन्य विभाग को हमेशा सभी युद्ध सामग्री तैयार रखनी चाहिए, ताकि वे किसी भी आपात स्थिति का सामना करने में सक्षम हों। उसे पार्टी के राजनीतिक काम का सहारा बनना चाहिए। यह स्वतंत्र रूप से न काम कर सकता है और न इसे करना चाहिए।

ऊपर वर्णित इन पंक्तियों में यह स्पष्ट है कि पार्टी को अपने काम के साथ आगे बढ़ना चाहिए। समय-समय पर होनेवाली बैठकों और सम्मेलनों के माध्यम से उन्हें सभी विषयों पर अपने कार्यकर्ताओं को शिक्षित और ज्ञान से परिपूर्ण बनाना चाहिए। यदि आप इस तरह काम शुरू करते हैं तो आपको बहुत संयम के साथ रहना होगा। इसे पूरा करने के लिए कार्यक्रम को कम-से-कम बीस वर्षों की आवश्यकता होगी। गांधीजी के दस साल के भीतर स्वराज दिलाने के स्वप्न रूपी वादों के पूरा करने के लिए क्रांति के युवा सपनों को एक साल के लिए अलग कर दें। इसके लिए न तो

भावना और न ही मृत्यु की आवश्यकता है, बल्कि निरंतर संघर्ष, पीड़ा और बलिदान का जीवन चाहिए। पहले अपने व्यक्तित्व को कुचलें। व्यक्तिगत आराम के सपनों को दूर करें, फिर काम करना शुरू करें। एक-एक कदम आपको आगे बढ़ना होगा। इसके लिए साहस, दृढ़ता और बहुत दृढ़ निश्चय की जरूरत है। कोई कठिनाई और कोई समस्या आपको हतोत्साहित न कर पाएँ, और कोई विफलता और विश्वासघात आपको निराश न कर पाए। आपके ऊपर किए गए कितने भी अत्याचार आपकी क्रांतिकारी इच्छाशक्ति को नहीं मिटा पाएँगे। कष्टों और बलिदान के माध्यम से आप विजयी होंगे। और ये व्यक्तिगत जीत क्रांति की मूल्यवान् संपत्ति होंगी।

लॉन्ग लाइव रिवोल्यूशन

2 फरवरी, 1931

□

# हरि किशन मामले में बचाव पक्ष की दलील के संबंध में

23 दिसंबर, 1930 को, जब पंजाब सरकार के गवर्नर अपना दीक्षांत भाषण देने के बाद लाहौर के विश्वविद्यालय हॉल से बाहर आ रहे थे, तब हरि किशन ने उन पर गोलीबारी की। एक आदमी की मौत हो गई और गवर्नर थोड़ा घायल हो गए थे।

जाँच के दौरान हरि किशन के बचाव पक्ष के वकील ने कहा कि हरि किशन का गवर्नर को मारने का कोई इरादा नहीं था और वह केवल चेतावनी देना चाहता था। भगत सिंह बचाव पक्ष की इस दलील के खिलाफ थे। उन्होंने बाहर अपने एक मित्र को लिखा कि क्रांतिकारी मामलों का संचालन कैसे किया जाना चाहिए? (यह पत्र जून 1931 में प्रकाशित हुआ था।)

मैं इस बात के लिए माफी चाहता हूँ कि इस संबंध में मेरा पिछला पत्र सही समय पर अपने गंतव्य तक नहीं पहुँचा और इसलिए इसका कोई फायदा नहीं हो सका, या फिर यह कहें कि यह उस उद्देश्य की पूर्ति करने में असफल रहा, जिसके लिए यह लिखा गया था। इसलिए सामान्य रूप से राजनीतिक मामलों में बचाव के सवाल और विशेष रूप से क्रांतिकारी मामलों पर अपने विचार बताने के लिए आपको पत्र

लिख रहा हूँ। उस पत्र में पहले से ही चर्चा किए गए कुछ बिंदुओं के अलावा, यह एक अन्य उद्देश्य को भी पूरा करेगा, वह यह कि यह एक दस्तावेजी प्रमाण होगा कि मैं घटना के बाद होशियार नहीं बन रहा हूँ।

फिर भी, मैंने उस पत्र में लिखा था कि यह दलील दी गई थी कि वकील को बचाव की पेशकश करने का जो सुझाव दिया गया था, उसे नहीं अपनाया जाना चाहिए। लेकिन यह आपके और मेरे विरोध के बावजूद किया गया। फिर भी, हम अब इस मामले पर खुलकर चर्चा कर सकते हैं और बचाव के संबंध में भविष्य की नीति के बारे में निश्चित योजना तैयार कर सकते हैं।

आप जानते हैं कि मैं सभी राजनीतिक आरोपियों का बचाव करने के पक्ष में कभी नहीं हूँ, लेकिन इसका मतलब यह नहीं है कि वास्तविक संघर्ष की सुंदरता को पूरी तरह से खराब कर दिया जाना चाहिए। (कृपया ध्यान दें कि सौंदर्य शब्द का उपयोग अमूर्त अर्थ में नहीं किया गया है, लेकिन इसका अर्थ है, वह मकसद, जिसके लिए कार्य किया गया)। जब मैं कहता हूँ कि सभी राजनीतिकों को हमेशा अपना बचाव करना चाहिए, तो मैं इसे कुछ प्रतिबंधों के साथ कहता हूँ। इसे केवल एक स्पष्टीकरण द्वारा व्यक्त किया जा सकता है। एक आदमी कोई भी काम एक निश्चित फल के साथ करता है।

उसकी गिरफ्तारी के बाद काररवाई का राजनीतिक महत्त्व कम नहीं होना चाहिए। अपराधी को स्वयं काररवाई से अधिक महत्त्वपूर्ण नहीं बनना चाहिए। आइए, हम दृष्टांत की मदद से इसे विस्तार में बताते हैं। श्री हरि किशन राज्यपाल को गोली मारने आए। मैं केवल काररवाई के नैतिक पक्ष पर चर्चा नहीं करना चाहता। मैं केवल मामले के राजनीतिक पक्ष पर चर्चा करना चाहता हूँ। आदमी को गिरफ्तार कर लिया गया। दुर्भाग्य से, कुछ पुलिस अधिकारी काररवाई में मारे गए। अब बचाव

पक्ष की दलील आती है तो जब सौभाग्य से राज्यपाल बच गए थे तो इस मामले में एक बहुत ही सुंदर बयान हो सकता है, अर्थात् जैसाकि वास्तविक तथ्यों का विवरण, जो निचली अदालत में पेश किया गया था; और इसने कानूनी उद्‌देश्य को भी पूरा किया होगा। वकील की बुद्धि और क्षमता उप-निरीक्षक की मृत्यु के कारण की उसकी व्याख्या पर निर्भर करती थी। उसने यह कहकर क्या हासिल किया कि वह राज्यपाल को नहीं मारना चाहता था और केवल उसे चेतावनी देना चाहता था; और इस तरह की बातें? क्या कोई समझदार आदमी एक पल के लिए भी इस तरह की दलील की संभावना की कल्पना कर सकता है? क्या इसका कोई कानूनी मूल्य था? बिल्कुल नहीं।

ऐसे में न केवल विशेष काररवाई, बल्कि सामान्य आंदोलन की सुंदरता को खराब करने का क्या फायदा था? चेतावनी और व्यर्थ का विरोध हमेशा एक-साथ नहीं चल सकते हैं। चेतावनी एक बार बहुत पहले दी जा चुकी है। क्रांतिकारी दल की ताकत के अनुसार अब तक क्रांतिकारी संघर्ष सही मायनों में शुरू हो चुका था। वायसराय की ट्रेन काररवाई न तो कोई परीक्षा थी और न ही चेतावनी। इसी तरह श्री हरि किशन की काररवाई स्वयं संघर्ष का हिस्सा थी, चेतावनी नहीं। काररवाई की असफलता के बाद, आरोपी इसे विशुद्ध रूप से साहस की भावना में ले सकता है। उद्‌देश्य पूरा होने और राज्यपाल के भाग्यवश बचने से उसे आनंदित होना चाहिए। किसी एक व्यक्ति को मारने का कोई फायदा नहीं है। इन काररवाइयों का मानसिकता और माहौल बनाने के साथ-साथ अपना एक राजनीतिक महत्त्व होता है, जो अंतिम संघर्ष के लिए बहुत आवश्यक होगा। बस इतना ही। व्यक्तिगत कार्य लोगों के नैतिक समर्थन को जीतना है। हम कभी-कभी उन्हें 'काम के जरिए प्रचार' के रूप में नामित करते हैं।

**हरि किशन मामले में बचाव पक्ष की दलील के संबंध में**

अब उपरोक्त विचार के अधीन लोगों को बचाया जाना चाहिए। आखिरकार यह सामान्य सिद्धांत है कि सभी प्रतियोगी दल हमेशा अधिक हासिल करने और कम खोने की कोशिश करते हैं। कोई भी, कभी भी ऐसी नीति नहीं अपना सकता है, जिसमें उसे अपेक्षित लाभ की तुलना में अधिक त्याग करना पड़े। श्री हरि किशन के अनमोल जीवन को मेरे अलावा कोई भी बचाने के लिए अधिक उत्सुक नहीं होगा। लेकिन मैं आपको बताना चाहता हूँ कि वह चीज, जो उसके जीवन को अनमोल बनाती है, उसे किसी भी हालत में नजरअंदाज नहीं करनी चाहिए। किसी भी कीमत पर जान बचाना हमारी नीति नहीं है। यह आरामपसंद राजनेताओं की नीति हो सकती है, लेकिन यह हमारी नहीं है।

हमारी बहुत सी बचाव नीति आरोपी की मानसिकता पर निर्भर करती है। लेकिन अगर आरोपी स्वयं डरपोक न हो, बल्कि हमेशा की तरह उत्साहित रहता है तो उसका काम, जिसके लिए उसने अपने जीवन को जोखिम में डाला है, उस पर पहले विचार करना चाहिए, उसके व्यक्तिगत प्रश्न पर बाद में। फिर भी, किसी तरह का भ्रम हो सकता है। ऐसे मामले भी हो सकते हैं, जहाँ काररवाई का जबरदस्त स्थानीय मूल्य होने के बावजूद भी उसका सामान्य रूप से कोई महत्त्व न हो। वहाँ आरोपी को अपनी जिम्मेदारी स्वीकार करते समय भावुक नहीं होना चाहिए। निर्मल कांत राय का प्रसिद्ध मामला इसका सबसे सही चित्रण होगा।

लेकिन ऐसे मामलों में, जहाँ इनका कोई राजनीतिक महत्त्व हो, व्यक्तिगत पहलू को राजनीति से अधिक महत्त्व नहीं दिया जाना चाहिए। यदि आप उसके मामले के बारे में मेरी स्पष्ट राय जानना चाहते हैं तो मैं आपको स्पष्ट रूप से बता दूँ कि यह पेशेवर गरूर की वेदी (कानूनी) पर एक ऐतिहासिक महत्त्व की घटना की राजनीतिक हत्या से कम नहीं है।

यहाँ मैं एक बात और बता सकता हूँ कि मामले का गला घोंटने के लिए जिम्मेदार लोग, अपनी गलती का अहसास होने पर और घटना के बाद सबकुछ समझते हुए अपनी जिम्मेदारी को नहीं निभा रहे हैं और इसलिए हमारे युवा कामरेड की इस अद्भुत चरित्र की सुंदरता को कम करने की कोशिश कर रहे हैं। मैंने उन्हें यह कहते हुए सुना है कि श्री हरि किशन को साहसपूर्वक इसका सामना करना पड़ेगा।

यह सबसे शर्मनाक झूठ है। वह सबसे साहसी व्यक्ति है, जिससे मैं मिला हूँ। लोगों को हम पर दया करनी चाहिए। उपेक्षित और अपमानित किए जाने की तुलना में अनदेखी करना बेहतर है, लेकिन हमें अच्छी नजर से देखा जाए।

वकीलों को इतना बेशर्म नहीं होना चाहिए कि वे जीवन और यहाँ तक कि युवा लोगों की मृत्यु का भी शोषण करें, जो खुद को बलिदान करने के लिए आते हैं, ताकि पीड़ित मानवता को मुक्ति मिल सके। मैं वास्तव में बहुत दुःखी हूँ।

राजद्रोह के मामलों में, मैं आपको वह सीमा बता सकता हूँ, जहाँ तक हमें बचाव के लिए जाना चाहिए। पिछले साल जब एक कामरेड पर समाजवादी भाषण देने के लिए मुकदमा चलाया गया और जब उसने उस आरोप के लिए दोषी नहीं होने का अनुरोध किया तो हम बस केवल चकित रह गए थे। ऐसे मामलों में हमें स्वतंत्र होकर बोलने के अधिकार की माँग करनी चाहिए। लेकिन जहाँ ऐसी बातों के लिए उन्हें जिम्मेदार ठहराया जाता है, जिसने यह कहा नहीं हो और आंदोलन के हितों के विपरीत हैं, आप अवश्य इनकार करें। हालाँकि वर्तमान आंदोलन में कांग्रेस ने अपने सदस्यों को खुद का बचाव किए बिना जेल जाने की अनुमति दी है, मेरी राय में यह एक गलती है।

फिर भी मुझे लगता है कि अगर आप इस पत्र को मेरे पिछले पत्र

के साथ पढ़ते हैं तो आप राजनीतिक मामलों में बचाव पक्ष के बारे में मेरे विचारों को बहुत स्पष्ट रूप से जान पाएँगे। श्री हरि किशन के मामले में, मेरी राय में उनकी अपील को बिना देरी किए उच्च न्यायालय में दायर किया जाना चाहिए और उन्हें बचाने के लिए हर संभव प्रयास किया जाना चाहिए।

मुझे उम्मीद है कि ये दोनों पत्र इस विषय पर मैं जो कुछ कहना चाहता हूँ, वह सबकुछ इंगित करते हैं।

□

# आखिरी याचिका

सेवा में

राज्यपाल, पंजाब,

श्रीमान

उचित सम्मान के साथ हम आपका ध्यान निम्नलिखित विषय पर आकृष्ट करना चाहते हैं—

हमें 7 अक्तूबर, 1930 को स्पेशल लाहौर षड्यंत्र केस अध्यादेश के तहत गठित ब्रिटिश न्यायालय, एल.सी.सी ट्रिब्यूनल की सिफारिश पर भारत में ब्रिटिश सरकार के प्रमुख महामहिम वायसराय द्वारा हमें मौत की सजा सुनाई गई थी और हमारे खिलाफ मुख्य आरोप इंग्लैंड के राजा किंग जॉर्ज के खिलाफ युद्ध छेड़ना था।

न्यायालय ने उपर्युक्त दो बातों को पूर्व में सही पाया है—

पहली, यह कि ब्रिटिश राष्ट्र और भारतीय राष्ट्र के बीच युद्ध की स्थिति है और दूसरी, यह कि हमने वास्तव में उस युद्ध में भाग लिया था और इसलिए हम युद्धबंदी थे।

दूसरी पूर्व-कल्पना थोड़ी चापलूसी भरी लगती है, लेकिन चूँकि यह बहुत लुभावनी है, इसलिए इससे राजी होने की इच्छा हुई।

पहली के संबंध में, हम कुछ विस्तार में जाने के लिए विवश हैं। जाहिर है कि ऐसा कोई युद्ध नहीं है, जैसाकि वाक्यांश इंगित करता है।

फिर भी कृपया हमें इसकी पूर्व-मान्यता की वैधता को इसके वास्तविक रूप में स्वीकार करने की अनुमति दें। लेकिन सही ढंग से समझने के लिए हमें इसे और समझाना होगा। आइए, मान लेते हैं कि युद्ध की स्थिति है और तब तक मौजूद रहेगी, जब तक कि भारतीय मेहनतकश जनता और प्राकृतिक संसाधनों का मुट्ठी भर परजीवियों द्वारा शोषण किया जाता रहेगा। वे विशुद्ध रूप से ब्रिटिश पूँजीवादी या मिश्रित ब्रिटिश और भारतीय या विशुद्ध रूप से भारतीय हो सकते हैं। वे मिश्रित या यहाँ तक कि विशुद्ध रूप से भारतीय नौकरशाही तंत्र के माध्यम से प्रपंच भरा शोषण कर रहे हैं। इन सभी बातों से कोई फर्क नहीं पड़ता। फिर चाहे आपकी सरकार भारतीय समाज के ऊपरी तबके के नेताओं को भारी रियायत और समझौतों के माध्यम से जीतने की कोशिश करती है और इस तरह से हमारी ताकतों के मुख्य ढाँचे में एक अस्थायी आचार भ्रष्टीकरण का कारण बनती है। कोई बात नहीं, अगर एक बार फिर से भारतीय आंदोलन का अग्र-दल, क्रांतिकारी दल, खुद को युद्ध की स्थिति में अकेला पाता है। कोई बात नहीं अगर वे नेता, जिनके हम व्यक्तिगत रूप से हमसे सहानुभूति रखने और हमारे लिए व्यक्त की गईं भावनाओं के लिए बहुत आभारी हैं, लेकिन फिर भी हम इस तथ्य को नजरअंदाज नहीं कर सकते हैं कि वे इतने निर्दयी हो गए थे कि हमारी अनदेखी करने लगे और यहाँ तक कि शांति वार्त्ता में भी बेघर, मित्रहीन और दरिद्र महिला श्रमिकों का उल्लेख नहीं किया, जो कथित तौर पर अग्र-दल से संबंधित हैं और जिन्हें नेता अपने कट्टरपंथी अहिंसक पंथ के दुश्मन मानते हैं, जो पहले ही अतीत की बात बन गई है; जिन नायिकाओं ने अपने साथ-साथ अपने पति, भाइयों और उन सभी का बलिदान दिया, जो उनके सबसे करीबी और प्रिय थे, जिन्हें आपकी सरकार ने अपराधी घोषित किया है। कोई बात नहीं, अगर आपके एजेंट इतना नीचे गिर गए

हैं कि उनके और उनकी पार्टी की प्रतिष्ठा को नुकसान पहुँचाने के लिए उनके बेदाग चरित्रों पर निराधार दोष गढ़ रहे हैं। युद्ध जारी रहेगा।

यह अलग-अलग समय पर अलग-अलग आकार ग्रहण कर सकता है। यह कभी खुलकर सामने आ सकता है, कभी छुपा हो सकता है, कभी विशुद्ध रूप से आंदोलन से परिपूर्ण और कभी यह उग्र जीवन और मृत्यु का संघर्ष बन सकता है। घटनाक्रम का विकल्प खूनी हो या तुलनात्मक रूप से शांतिपूर्ण, यह कौन सा रूप अपनाए, यह आप पर निर्भर करता है। आपको जो भी पसंद है, उसे चुन लें। लेकिन उस युद्ध को लगातार तुच्छ (गैर-कानूनी) और निरर्थक नैतिक विचारधाराओं को ध्यान में रखे बिना लड़ा जाएगा। इस युद्ध को हमेशा एक नए जोश, अधिक हठधर्मिता और पूरी दृढ़ता के साथ तब तक लड़ा जाएगा, जब तक एक समाजवादी गणतंत्र की स्थापना नहीं हो जाती, और जब तक वर्तमान सामाजिक व्यवस्था पूर्णरूपेण एक नई व्यवस्था द्वारा बदली नहीं जाती, जोकि सामाजिक समृद्धि पर आधारित होगी। इस प्रकार से हर प्रकार के शोषण का अंत हो जाएगा तथा एक विशुद्ध एवं स्थायी शांति के चरण में मानवता का उदय होगा। जल्द ही अंतिम लड़ाई लड़ी जाएगी और अंतिम समझौता भी किया जाएगा।

पूँजीवादी और साम्राज्यवादी शोषण के दिन गिने-चुने हैं। युद्ध न तो हमारे साथ शुरू हुआ और न ही यह हमारे जीवन के साथ समाप्त होने जा रहा है। यह ऐतिहासिक घटनाओं और मौजूदा वातावरण का अपरिहार्य परिणाम है। हमारी विनम्र कुरबानियाँ उस श्रृंखला की एक कड़ी होंगी, जो श्री दास के अनूठे बलिदान और कामरेड भगवती चरण के सर्वाधिक दुःखद, लेकिन महान् बलिदान और हमारे प्रिय योद्धा आजाद की शानदार मौत से सुशोभित है।

हमारे भाग्य के सवाल के रूप में, कृपया हमें यह कहने की अनुमति

दें कि जब आपने हमें मौत के घाट उतारने का फैसला कर लिया है तो आप इसे अवश्य करेंगे। आपके हाथों में अधिकार है और अधिकार इस दुनिया में सबसे बड़ा औचित्य है। हम जानते हैं कि वह कहावत 'जिसकी लाठी-उसी की भैंस' आपके आदर्श मार्गदर्शक वाक्य के रूप में कार्य करती है। हमारा पूरा-का-पूरा मामला उसी का एक प्रमाण था। हम यह बताना चाहते थे कि आपके न्यायालय के फैसले के अनुसार हमने युद्ध छेड़ा था और इसलिए हम युद्धबंदी थे। और हम उनके जैसा ही व्यवहार चाहते हैं, यानी कि हमें फाँसी पर लटकाने की बजाय गोली मारकर मारा जाए। यह साबित करना आपके ऊपर है कि क्या आप वास्तव में वही मानते हैं, जो आपकी अदालत ने कहा है?

हम अनुरोध करते हैं और आशा करते हैं कि आप सैन्य विभाग को हमारी फाँसी के लिए अपनी टुकड़ी भेजने का आदेश देंगे।

आपका

**—भगत सिंह**

□

# ड्रीमलैंड से परिचय

लाला रामशरण दास को 1915 में 'पहले लाहौर षड्यंत्र' मामले में आजीवन कारावास की सजा हुई थी। मद्रास प्रेसीडेंसी के सेलम सेंट्रल जेल में रहते हुए, उन्होंने 'द ड्रीम लैंड' नामक कविता की एक किताब लिखी। बीस के दशक के मध्य में अपनी रिहाई के बाद उन्होंने भगत सिंह और सुखदेव से संपर्क किया तथा एच.एस.आर.ए. में सक्रिय हो गए। दूसरे एल.सी.सी. के संबंध में उन्हें फिर से गिरफ्तार किया गया था।

इस बार वह काँप गए और उन्होंने राजा की क्षमा को स्वीकार कर लिया। जल्द ही उन्हें अपनी गलती का अहसास हुआ और वे अपने बयान से मुकर गए। उन पर झूठी गवाही का आरोप लगाया गया और दो साल की सजा सुनाई गई, जिसे बाद में अपील करने पर घटाकर छह महीने कर दिया गया था। यह इस आरोप के दौरान था कि उन्होंने परिचय लिखने के लिए भगत सिंह को अपनी पांडुलिपि भेजी थी। इस लेख में भगत सिंह ने रामशरण दास के कार्यों के पीछे

की भावना की सराहना करते हुए, क्रांति की समस्याओं के प्रति उनके काल्पनिक दृष्टिकोण की आलोचना की है। उन्होंने भगवान्, धर्म, हिंसा और अहिंसा, आध्यात्मिकता, साहित्य, कविता आदि जैसे विषयों पर भी अपने विचार व्यक्त किए हैं—

मेरे कुलीन मित्र, लाला रामशरण दास ने मुझे अपनी काव्य-कृति 'द ड्रीमलैंड' के लिए एक परिचय लिखने को कहा है। मैं न तो कवि हूँ और न ही साहित्यकार; न ही मैं पत्रकार हूँ और न ही आलोचक। इसलिए कल्पना की दुनिया में न जाते हुए, क्या मैं इस माँग के साथ न्याय कर पाऊँगा? लेकिन जिन परिस्थितियों में मैं हूँ, इसमें मुझे लेखक के साथ इस सवाल पर चर्चा करने का कोई भी अवसर नहीं मिलेगा और इस तरह मेरे पास अपने दोस्त की इच्छा का पालन करने के अलावा कोई विकल्प नहीं है।

चूँकि मैं कवि नहीं हूँ, इसलिए मैं उस दृष्टिकोण से इसकी चर्चा नहीं करूँगा। मुझे छंदों का बिल्कुल भी ज्ञान नहीं है और मुझे यह भी नहीं पता है कि छंद-संबंधी मानक पर आँके जाने पर यह सही साबित होगा भी या नहीं! साहित्यकार न होने के नाते मैं इस पर राष्ट्रीय साहित्य में इसके सही स्थान पर रखने के दृष्टिकोण से भी चर्चा नहीं करने जा रहा हूँ।

मैं एक राजनीतिक कार्यकर्ता होने के नाते, केवल उसी दृष्टिकोण से इसकी चर्चा कर सकता हूँ, लेकिन यहाँ भी एक कारक मेरे काम को व्यावहारिक रूप से असंभव या कम-से-कम बहुत मुश्किल बना रहा है। नियमानुसार परिचय हमेशा ऐसे एक आदमी द्वारा लिखा जाता है, जो विषय पर लेखक के साथ एकमत हो। लेकिन यहाँ मामला अलग है। मैं सभी मामलों पर अपने दोस्त के साथ सहमत नहीं हूँ। वह इस तथ्य से अवगत था कि मैं कई महत्त्वपूर्ण बिंदुओं पर उससे अलग सोच रखता

था, इसलिए हो सकता है कि मेरा लिखना किसी भी तरह उचित न हो। यह सबसे अधिक मात्रा में आलोचना हो सकती है और इसकी जगह पुस्तक की शुरुआत में नहीं, बल्कि अंत में होगी।

राजनीतिक क्षेत्र में 'द ड्रीमलैंड' का बहुत महत्त्वपूर्ण स्थान है। मौजूदा परिस्थितियों में यह आंदोलन में एक बहुत महत्त्वपूर्ण अंतर को भर रहा है। अगर एक तथ्य के रूप में देखा जाए तो हमारे देश के सभी राजनीतिक आंदोलन, जिन्होंने हमारे आधुनिक इतिहास में किसी भी तरह की महत्त्वपूर्ण भूमिका निभाई है, उन सबमें उस आदर्श की कमी थी, जिसकी प्राप्ति के लिए उन्होंने अपने लक्ष्य निर्धारित किए थे।

क्रांतिकारी आंदोलन कोई अपवाद नहीं है। अपने सभी प्रयासों के बावजूद, मुझे कोई भी क्रांतिकारी पार्टी नहीं मिली, जिससे स्पष्ट हो कि वे किस चीज के लिए लड़ रहे थे, गदर पार्टी के अपवाद के साथ, जो संयुक्त राज्य अमेरिका की सरकार से प्रेरित थी और उन्होंने स्पष्ट रूप से कहा कि वे मौजूदा सरकार को रिपब्लिकन सरकार द्वारा बदलना चाहते थे। अन्य सभी पार्टियों में ऐसे पुरुष शामिल थे, जिनके पास एक विचार था, अर्थात् विदेशी शासकों के खिलाफ लड़ना। यह विचार काफी प्रशंसनीय है, लेकिन इसे क्रांतिकारी विचार नहीं कहा जा सकता है। हमें यह स्पष्ट करना चाहिए कि क्रांति का मतलब केवल उथल-पुथल या एक प्रकार का संघर्ष नहीं है। क्रांति विशेष रूप से मौजूदा स्थिति (यानी कि शासन) के पूर्ण विनाश के बाद नए और बेहतर रूप से अनुकूलित आधार पर समाज के व्यवस्थित पुनर्निर्माण के कार्यक्रम का अर्थ है।

राजनीतिक क्षेत्र में उदारवादी वर्तमान सरकार के तहत कुछ सुधार चाहते थे, जबकि चरमपंथियों ने थोड़ा और माँग की और वे उस उद्देश्य के लिए उग्र सुधारवादी तरीकों को प्रयोग करने के लिए तैयार थे। क्रांतिकारियों के बीच वे हमेशा एक विचार को लेकर उग्र

तरीकों के प्रयोग के पक्ष में रहते आए थे—विदेशी प्रभुत्व को उखाड़ फेंकना। इसमें कोई संदेह नहीं कि कुछ ऐसे लोग भी थे, जो उन साधनों के माध्यम से कुछ सुधार प्राप्त कर लेने के पक्ष में थे। इन सभी आंदोलनों को सही मायने में क्रांतिकारी आंदोलन के रूप में नहीं रखा जा सकता है।

लेकिन एल. रामशरण दास पहले क्रांतिकारी थे, जिन्हें 1908 में एक बंगाली भगोड़े द्वारा पंजाब में औपचारिक रूप से भरती किया गया था। तब से वे क्रांतिकारी आंदोलनों के संपर्क में थे और आखिरकार वे 'गदर पार्टी' में शामिल हो गए, लेकिन अपने पुराने विचारों से जुड़े रहे, जिनको लोग समझते थे कि वे उनके आंदोलन का आदर्श थे। एक और रुचिपूर्ण तथ्य भी है, जो इसकी सुंदरता एवं मूल्य को बढ़ाता है। लाला रामशरण दास को 1915 में मौत की सजा सुनाई गई थी और बाद में यह सजा आजीवन कारावास में बदल दी गई थी। आज खुद कैदी के रूप में सेल में बैठकर, मैं पाठकों को आधिकारिक रूप से बता सकता हूँ कि आजीवन कारावास तुलनात्मक रूप से मृत्यु की तुलना में कहीं अधिक कठिन है। लाला रामशरण दास को वास्तव में चौदह साल की कैद से गुजरना पड़ा। किसी दक्षिण भारतीय जेल में रहते हुए उन्होंने यह कविता लिखी थी। लेखक की तत्कालीन मन:स्थिति और मानसिक संघर्ष ने कविता पर अपनी छाप छोड़ी है तथा इसे और अधिक सुंदर और दिलचस्प बना दिया है। लिखने का फैसला करने से पहले उन्होंने अपने निराशाजनक मन:स्थिति के खिलाफ संघर्ष कर रहे थे। उन दिनों में, जब उनके कई साथियों को छोड़ दिया गया। प्रलोभन सभी के लिए व उनके लिए बहुत अधिक था, ऐसे में पत्नी और बच्चों की मीठी व दर्दनाक यादें आग में घी का काम कर रही थीं। इसलिए हमने शुरुआती वक्तव्य में अचानक उनका गुस्सा पाया—

*"पत्नी, बच्चे, दोस्त जो मुझे घेरे हुए थे,*
*चारों तरफ जहरीले साँप के समान थे।"*

वह शुरुआत में दर्शन पर चर्चा करते हैं। यह दर्शन बंगाल के साथ-साथ पंजाब के सभी क्रांतिकारी आंदोलन की रीढ़ है। मैं इस बिंदु पर उनसे बिल्कुल अलग हूँ। ब्रह्मांड की उनकी व्याख्या उद्देश्यवादी और तात्त्विक है, जबकि मैं भौतिकवादी हूँ और इस विराचधारा पर मेरे विचार सामान्य होंगे। फिर भी, यह किसी भी तरह से अजीब और दुनिया से बाहर नहीं है। हमारे देश में जो सामान्य आदर्श प्रचलित हैं, वे उनके द्वारा व्यक्त किए गए विचारों के अनुसार हैं। उस निराशाजनक मनोदशा से लड़ने के लिए उन्होंने प्रार्थनाओं का सहारा लिया, क्योंकि यह इस बात से स्पष्ट होता है कि पुस्तक की पूरी प्रस्तावना ईश्वर, उनकी प्रशंसा, उनकी परिभाषा को समर्पित है। ईश्वर में विश्वास रहस्यवाद का परिणाम है, जो अवसाद का एक स्वाभाविक परिणाम है। यह कहना कि यह दुनिया 'माया' या मिथ्या है, जो एक सपना या कल्पना है, स्पष्ट रहस्यवाद है, जो शंकराचार्य और अन्य पुराने युगों के हिंदू संतों द्वारा उत्पन्न और विकसित किया गया है; लेकिन भौतिकवादी दर्शन में इस विधा की सोच को बिल्कुल कोई स्थान नहीं मिला है, मगर लेखक का यह रहस्यवाद किसी भी प्रकार से निम्न या निंदनीय नहीं है। इसमें भी उनके प्रति अपना ही एक विचार है कि वे भी उत्पादक श्रम कर रहे हैं। एकमात्र अंतर, जिसकी समाजवादी समाज उम्मीद करता है, वह यह है कि मानसिक श्रमिकों को अब हाथ से काम करनेवाले श्रमिकों से बेहतर नहीं माना जाएगा।

मुफ्त शिक्षा के बारे में लाला रामशरण दास के विचार वास्तव में विचार करने योग्य हैं और समाजवादी सरकार ने रूस में कुछ हद तक यही तरीका अपनाया है।

अपराध के बारे में उनकी चर्चा वास्तव में विचार का सबसे उन्नत स्वरूप है। अपराध सबसे गंभीर सामाजिक समस्या है, जिसका इलाज बहुत ही सूझ-बूझ से करने की आवश्यकता है। वह अपने जीवन के कई साल जेल में रहे हैं। उन्हें व्यावहारिक अनुभव प्राप्त हुआ है। एक स्थान पर वह सामान्य जेल की शब्दावली 'हलका श्रम, मध्यम श्रम और कठिन श्रम' आदि का इस्तेमाल करते हैं।

अन्य सभी समाजवादियों की तरह वह सुझाव देते हैं कि प्रतिशोध के बजाय, सुधारवादी सिद्धांत को सजा का आधार बनाया जाना चाहिए। दंड देना नहीं, बल्कि व्यक्ति की पुन:प्राप्ति न्याय प्रशासन का मार्गदर्शक सिद्धांत होना चाहिए। जेलों को सुधारवादी होना चाहिए, न कि असली नरक। इस संबंध में पाठकों को रूसी जेल प्रणाली का अध्ययन करना चाहिए।

मिलिशिया पर बात करते हुए वह युद्ध पर भी चर्चा करते हैं। एक संस्थान के रूप में मेरी राय में युद्ध केवल विश्वकोश में कुछ पृष्ठों को भरेगा और युद्ध सामग्री युद्ध का कारण बननेवाले किसी भी परस्पर विरोधी या विविध हितों को मात्र सजाने के काम आएगी।

ज्यादा-से-ज्यादा हम यह कह सकते हैं कि माध्यमिक अवधि के लिए युद्ध को एक संस्था के रूप में बनाए रखना होगा। यदि हम वर्तमान रूस का उदाहरण लेते हैं तो हम आसानी से समझ सकते हैं। वर्तमान में वहाँ सर्वहारा वर्ग की तानाशाही है। वे एक समाजवादी समाज की स्थापना करना चाहते हैं। इस बीच उन्हें पूँजीवादी समाज से अपनी रक्षा के लिए एक सेना को बनाए रखना होगा, लेकिन युद्ध के उद्देश्य अलग होंगे। साम्राज्यवादी डिजाइन हमारे सपनों की दुनिया के लोगों को युद्ध छेड़ने के लिए अधिक प्रेरित नहीं करेंगे। अब और युद्ध नहीं होंगे। क्रांतिकारी सेनाएँ शासकों को सिंहासन से गिराने और उनके द्वारा

खून चूसनेवाले शोषण को रोकने के लिए अन्य जगह चली जाएँगी तथा इस तरह मेहनतकश जनता को आजाद कराएँगी, लेकिन हमारे लोगों में लड़ाई में जाने के लिए आदिम राष्ट्रीय या नस्लीय घृणा नहीं होगी।

विश्व-संघ सभी स्वतंत्र सोचवाले लोगों की सबसे लोकप्रिय और तत्काल ध्येयपरक वस्तु है तथा लेखक ने इस विषय पर अच्छी तरह से चर्चा की है और तथाकथित राष्ट्र संघ के बारे में उनकी आलोचना बेहद सुंदर है।

छंद 571 (572) के तहत एक फुटनोट में लेखक बहुत संक्षेप में, तरीकों के प्रश्न को उठाते हैं। वह कहते हैं—"इस तरह का शासन शारीरिक हिंसक क्रांतियों द्वारा नहीं लाया जा सकता है। इसे समाज पर जबरदस्ती थोपा नहीं जा सकता है। इसे भीतर से विकसित करना होगा…।" यह विकास की क्रमिक प्रक्रिया के साथ लाया जा सकता है, जो उपरोक्त उल्लिखित पंक्तियों पर जनता को शिक्षित करेगा, आदि। इस कथन में स्वयं कोई विसंगति नहीं है। यह काफी हद तक सही है, लेकिन पूरी तरह से समझाया नहीं गया है, जिस कारण यह कुछ गलतफहमी या भ्रम पैदा करने के लिए उत्तरदायी हो सकता है। क्या इसका मतलब यह है कि लाला रामशरण दास ने ताकत के पंथ की निरर्थकता का अहसास किया है ? क्या वह अहिंसा में एक रूढ़िवादी आस्तिक बन गए हैं ? नहीं, इसका मतलब यह नहीं है।

मुझे समझाने दें कि ऊपर दिए गए कथन का सही अर्थ क्या है ? क्रांतिकारी किसी और की तुलना में बेहतर जानते हैं कि समाजवादी समाज को हिंसक तरीकों से नहीं लाया जा सकता है, बल्कि यह विकसित होना चाहिए और भीतर से विकसित होना चाहिए। लेखक शिक्षा को रोजगार के लिए एकमात्र हथियार के रूप में सुझाता है। लेकिन हर कोई आसानी से महसूस कर सकता है कि वर्तमान सरकार या कहें तो सभी पूँजीवादी

सरकारें ऐसे किसी भी प्रयास में मदद नहीं करनेवाली हैं, बल्कि इसके विपरीत, इसे निर्दयतापूर्वक दबाएँगी। फिर उसका 'विकास' क्या हासिल करेगा? हम क्रांतिकारी अपने हाथों में सत्ता लाने के लिए बेकरार हैं और एक क्रांतिकारी सरकार को संगठित करने के लिए प्रयासरत हैं, जो अपने सभी संसाधनों को व्यापक शिक्षा के लिए नियोजित करना चाहते हैं, जैसाकि आज रूस में किया जा रहा है। सत्ता पर कब्जा करने के बाद शांतिपूर्ण तरीके को रचनात्मक कार्यों के लिए इस्तेमाल किया जाएगा, बाधाओं को कुचलने के लिए ताकत का इस्तेमाल किया जाएगा। यदि लेखक का यही अर्थ है, तो हम एकमत हैं और मुझे विश्वास है कि यही उनका मतलब है।

मैंने पुस्तक की विस्तार में चर्चा की है। मैंने तो इसकी आलोचना तक कर दी है। लेकिन मैं इसमें कोई फेर-बदल नहीं करने जा रहा हूँ, क्योंकि इसका एक ऐतिहासिक मूल्य है। ये 1914-15 के क्रांतिकारियों के विचार थे।

मैं विशेष रूप से युवाओं को इस पुस्तक को पढ़ने की सलाह देता हूँ, लेकिन एक चेतावनी के साथ। कृपया इसे आँख मूँदकर अनुसरण करने के लिए न पढ़ें और इसमें जो लिखा गया है, उसे स्वीकार न करें। इसे पढ़ें, इसकी आलोचना करें, इस पर सोचें, इसकी मदद से अपने विचारों को बनाने की कोशिश करें।

□□□

## अनुवाद

**ज्योति थपलियाल उनियाल**—सन् 1999 में पहली बार प्रभात प्रकाशन के लिए प्रसिद्ध लेखिका सुधा मूर्ति की पुस्तक का अनुवाद किया। पत्रकारिता के क्षेत्र में दैनिक जागरण व नवभारत टाइम्स में काम किया। मोबाइल की दुनिया में पत्रकारिता के प्रवेश का हिस्सा बनीं और टाइम्स ऑफ इंडिया के 8888, हिंदुस्तान टाइम्स के 4242 टेक्स्ट तथा वॉइस सर्विस टीम में रही। लगभग पंद्रह पुस्तकें हिंदी में अनूदित। हिंदी में एम.ए. कर पत्रकारिता में पी.जी. डिप्लोमा किया। सन् 2021 में मनोविज्ञान में पुनः एम.ए. किया और अब पी-एच.डी. कर रही हैं।